重大决策事项的社会稳定风险评估研究

朱德米/著

A Study of Conflict-Sensitive Social Impact Assessment on Public Decision-Making in China

科学出版社
北京

图书在版编目（CIP）数据

重大决策事项的社会稳定风险评估研究/朱德米著. —北京：科学出版社，2016.4

ISBN 978-7-03-047703-3

Ⅰ. ①重…　Ⅱ. ①朱…　Ⅲ. ①社会稳定-风险评价-研究-中国　Ⅳ. ①D63

中国版本图书馆 CIP 数据核字（2016）第 049427 号

责任编辑：侯俊琳　牛　玲　张翠霞 / 责任校对：胡小洁

责任印制：李　彤 / 封面设计：无极书装

联系电话：010-64035853

电子邮箱：houjunlin@mail.sciencep.com

科学出版社 出版

北京东黄城根北街 16 号

邮政编码：100717

http://www.sciencep.com

北京凌奇印刷有限责任公司 印刷

科学出版社发行　各地新华书店经销

*

2016 年 4 月第　一　版　开本：720×1000　1/16

2022 年 3 月第三次印刷　印张：11 1/2

字数：186 000

定价：68.00 元

（如有印装质量问题，我社负责调换）

前言

2006 年，我国的四川、江苏、浙江等地开始进行在大型工程和项目审批过程中引入社会稳定风险评估（conflict-sensitive social impact assessment，CSSIA）的尝试，把类似于环境影响评价、安全评估、社会影响评价等事先评估的做法引入社会治理层面。自此以后，社会稳定风险评估得到快速的发展，特别是党的十八大以后，党和政府高度重视社会稳定风险评估的建立、健全和落实。社会稳定风险评估从当初大型工程和项目领域拓展到重大政策领域，从社会稳定风险评估拓展到经济、生态和社会的风险评估。风险评估已成为当前重大行政决策必经程序的刚性要求。为了分析和研究的需要，以及与实践形成话语对接，本书把“大型工程、重大项目、重大政策”等概括成为“重大决策事项”。

社会稳定风险评估是指在重大事项决策时，需要预先对社会稳定带来的影响进行分析、评价，并制定相应的措施和应急方案，以实现源头治理、动态化解的目的，减少、降低或缓解社会矛盾和冲突。其实质是对社会不稳定进行预测与化解。维护社会稳定（简称维稳）是当前中国党和政府工作部门中具有特定含义的专用术语，包含着“群体性事件”“群体性行动”“集体行动”等含义，也包括聚集人群数量、抗议的激烈手段等多种意义。从狭义层次上看，社会稳定风险评估仅仅指重大决策事项对维稳的影响。从广义层次上看，社会稳定风险评估包括对社会秩序的影响、对社会矛盾和冲突的影响，而不仅仅停留在狭义的群体性事件或群体性行动等特定含义上。本书是在广义层次上来运用社会稳定风险评估概念。

本书以参与性对话为基本研究方法，对上海、南京、淮安、无锡、常州、温州、昆明、武汉、兰州等地社会稳定风险评估实践进行详细调查，并积极参与实务操作，及时把部分研究成果转化为这些地方的社会稳定风险评估制度安排。

本书研究以制度安排（institutional arrangement）为分析基本单位，其主要内容有：社会稳定风险评估制度安排的学理基础、成长与绩效、决策的制度安排与风险源关系、制度安排与风险治理，以及风险测量的关系、健全制度安排的路径选择。

本书以有效性和民主性作为制度安排分析的逻辑起点。有效性是指在急剧转型社会的背景里，社会稳定风险评估能够切实回应社会秩序建设和社会治理的需要，精确地解决社会稳定问题。

民主性是指社会稳定风险评估在于把民众事后可能发生的抗争转移到事前的公民参与，把民众的意见、建议、利益、需求及偏好导入到相对封闭的、单一的党政主导决策过程，从而推动决策过程向民主、开放、多元方向转变。有效和民主二者是相辅相成、相互支撑的关系。

尽管作者是国内最早开展对社会稳定风险评估研究的学者之一，但限于学术研究的功力，呈现在读者面前的“产品”还存在着不足。来自读者的真诚批评是激励作者进一步研究的动力。

朱德米

2015年12月于上海

目录

表目录

图目录

第一章

绪　　论

从更长的历史时段来看，当下中国维护社会和政治稳定的努力既是近代以来现代化过程的一个部分，又是中国共产党与人民群众、国家与社会、政府与公民之间关系转型的焦点。从1840年以来，中国被迫启动后发式、外源型现代化，转型与秩序成为19世纪下半叶、20世纪及21世纪上半叶不同时代中国面临的最紧迫挑战。一个具有内生变革动力并能够依靠自身力量推动创新的“良好社会秩序”常常与我们“擦肩而过”。因此，也许我们在讨论当下的维稳时，应该去关注中国近代以来现代化进程所留下的“遗产”，将时间性纳入社会科学分析范畴。历史的维度与眼光必然成为学术考察之源。另外，考察维稳又要置于当下中国特色社会主义实践进程——正在经历人类社会规模最大、发展变革最深刻的现代化进程。国家主导型的发展道路影响到经济、社会和文化等各个方面，城市化、工业化、市场化、信息化、全球化等多重发展交杂在一起。没有稳定的社会和政治作为基础，多重发展将失去根基。因此，维稳成为多重发展和多种关系之间的聚焦点。本书将从这个宏观背景出发，来研究社会稳定风险评估制度安排在当下的价值和意义。

第一节　转型秩序与制度

研究的宏观背景是以转型、秩序与制度的关系分析为核心。转型社会的秩序构建需要系统的、全方位的努力。它是意识形态、价值观、道德行为规范、法律和制度，以及人们的行为在互动过程中相互调适的过程，最终形成一种适应人口、职业、阶层自由流动的良好秩序。意识形态为良好社会秩序提供了主流价值基础。价值观给人们的行为提供了精神动力和源泉，从而形成了对良好秩序的认同。道德行为规范为社会行为提供了内在的心理约束，并为人们相互交往提供了联结纽带。在人们行为选择日益个体化的过程中，法律和制度为个体提供了非人格化的规则体系。法律和制度的非人格化规则体系使人们的行为选择具有一个稳定的预期判断，赏罚分明的奖惩体系成为激励来源。制度不仅是一套符号系统，具有规范和认知功能，而且还是实体性物质形态，具有相应物理载体。制度具有多层次分析特点，联结微观-中观、微观-宏观、中观-宏观接触点。制度是意识形态和价值观的物理载体，是维护道德行为规范的“卫士”。转型社会的秩序系统建构实质上是制度系统（interinstitutional system）的再造。转型、秩序与制度形成了内在的关联。

科学的研究起源于对社会现象的解释和理解。以平等为核心价值的社会主义运动扎根于人民群众，依靠人民群众。“水能载舟亦能覆舟”的治理训诫成为历代执政者的道统法则。历史、传统、经验与当下民众的抱怨与抗议成为社会科学研究关注的大课题。打破周期性历史定律首先需要的是解释为什么会形成紧张的社会关系。他者的经验和启示毕竟有着知识的局限性，中国文本的复杂性难以用现有的知识成果来理解和解释。毕竟它是一个具有悠久历史和独特文明价值体系的国度，毕竟它是人口规模最大、空间差异显著、多次进行过“实验”的国度，毕竟这是多重发展夹杂在一起的过程。本土社会科学研究者必须以新的眼光和新的理论高度来审视当下中国发生的“故事”。研究就是社会科学进行科学化和本土化的努力。以近代新教革命、工业革命、启蒙运动、民主革命为审视对象的社会科学知识体系无法满足对中国复杂文本的解读。对专业知识增长的兴趣激励着在改革开放时代成长的学者。这一代学者既具备与西方学者对话的能力，又是在一个变动快速的社会里成长起来的，对这个时代有着深切的体验和认知。

包括专业研究人员在内的中国知识分子都有着强烈的责任感和使命感，有着极大的兴趣参与当下中国发生的伟大进程。知识参与的过程首要的是讲清楚“中国故事”。讲清楚的“要求”是解释和理解当下正在发生的复杂社会现象。专业知识的解释是寻求因果关系逻辑，形成对复杂社会现象的一种解释。新的知识体系的产生是与实践不断对话的过程。当下中国社会科学知识体系的建构不仅是实践过程的反映，更为重要的是知识也在建构实践，通过知识体系的扩散和传播，深刻地影响着政策的选择和制度的变革以及价值观的塑造。知识与实践的对话机制正在改变社会科学研究的逻辑，学术研究不再停留在“事后诸葛亮”阶段，而是成为实践的一个部分。逻辑基础的转换将带来研究议题、研究议程和研究方法的转变。哲学社会科学创新也许就从这里发端出来。这个鲜明的特征将成为中国社会科学与世界社会科学对话的基础。

转型社会良好秩序的构建，其实质是治理的制度体系更新。制度是规则，约束或激励人们行为的内在机制。它以成文或不成文的形式表达出来。制度逻辑视角的含义是在社会系统中分析个体、组织与制度相互关系的理论分析框架。其核心是在制度构建的场域内个体和组织的行动者如何受到制度的影响，以及如何进行行动的计算和行动的选择。行动者的利益、认同、价值等都嵌入到制度逻辑。制度是把个体、组织，以及不同类型的规则联结在一起[①]。

制度逻辑展开的层次有：制度能否得到遵守，即制度的力量；什么类型的制度才可能得到遵守；制度的效果与发展、变迁之间的关系。

好的制度能否得到普遍的遵从是社会发展程度的标志之一。制度的差距就是发展程度的差距。比较政治学研究揭示出这一点。制度力量体现在两个方面：一是能够运转起来，得到普遍的遵守；二是相对稳定。遵守制度意味着人们能够根据制度提供的预期进行行为选择，同时也暗含着其他人也遵守制度，尤为重要的是在可见的未来，制度能够持续运转。行动者的选择受到制度的约束，减少了未来的不确立性。换言之，制度具有非人

① Patricia H. Thornton，William Ocasion，Michael Lounsbury. The Institutional Logics Perspective—A New Approach to Culture，Structure，and Process. Oxford：Oxford University Press，2012：2.

格化的特征，就是通常所说的“制度面前人人平等”。反之，无论什么重要的人物不遵守制度都将受到惩罚。

史蒂文·列维茨基（Steven Levitsky）和玛利亚·维多利亚·穆里奥（María Victoria Murillo）所著的《制度力量的差异》把制度力量分解为两个变量：制度遵守与制度稳定。通过对发展中国家政治制度化进行研究，他们发现制度执行弱的原因有五个：①创建制度的人本来就没有打算让制度运转起来，而是迫于国内外的压力来“装饰门面”；②创建制度的行动者缺乏权力、能力和资源来确保所有的行动者来遵守制度；③创建制度的行动者拥有正式的权威，但实际的权力掌握在其他行动者手中；④整个社会自觉遵守制度的程度比较低，制度运转完全依赖国家强制力，运行成本比较高；⑤经济社会高度不平等[①]。制度执行弱体现在制度的约束力具有人格化特征，有权势的人拥有超出制度的选择权和自由裁量权，可供选择的空间越大未来不确定性就越大。行动者往往对别人的行为无法形成稳定的预期。制度力量越弱，制度更替越频繁；变革制度成本越低，越缺乏维持制度长期运转的内生动力。制度不稳定最根本的原因是强势者不遵守规则，或者主要的政治竞争者破坏规则。稳定的制度体现在时间维度上。制度的制定是一个长期的过程，各方行动者拥有充裕的时间来评估制度可能的结果，计算制度对其利益的影响程度，从而决定是支持还是反对该项规则。危机时期是考验制度是否稳定的关键阶段。制度能否得到遵守和能否发挥功能存在着典型的“路径依赖”（path dependence）。如果制度能够有效运行并形成了良性循环，未来的选择和应对危机会更加依赖制度。如果制度替代成本很低，随意性很大，制度发展和变革就会陷入“不稳定陷阱”。行动者预期制度不可能长久下去，不愿意投资制度，制度将不能产生足够的支持力量或合法性。

那么什么类型的制度才能够得到遵守？这是诸多学科发展关注的主题之一。经济史和政治史提供了丰富的思想资源。从哲学层次上看，能够得到普遍遵守的制度都是人类社会追求的共同价值观体现，如民主、自由、

① Steven Levitsky，María Victoria Murillo. Variation in institutional strength. Annual Review of Political Science，2009，12：115-133.

法治、平等。但在具体层次上，制度型构存在着差异，从来就不存在普遍适用的制度安排。因此，对不同型构制度的比较成为学术史上长期存在的研究主题，从亚里士多德到今天的新制度主义（包括经济学、政治学、社会学等在内）提出了层出不穷的解释范式。当代学者从制度史的角度，通过长时段和大跨度的国际比较来提炼出好制度的共同特征。

美国学者戴龙·阿席莫戈鲁（Daron Acemoglu）和詹姆斯 A.罗宾逊（James A. Robinson）采取了上述研究思路来分析“为什么国家会失败”议题①。他们从全球高度对富裕国家和失败国家进行对比。空间相邻的两个国家为什么经济发展程度差异那么大？流行的“地理假说”“文化假说”“无知假说”对大时间和空间跨度的国家比较都出现解释不足。他们提出了“制度假说”，从制度维度来论证国家为什么会失败。制度分为经济制度和政治制度两种类型。经济制度影响经济运行以及激励人们的经济行为及其选择，所有的经济制度都是社会力量特别是执政的政治联盟创建起来的。政治由不同的规则约束，为社会确立博弈的规则，这些规则也对政治生活形成激励作用，它决定着政府的选择以及社会发展的目标。政治制度既决定着政治权力在社会中的配置又受到政治权力结构分配的影响。戴龙·阿席莫戈鲁和詹姆斯 A.罗宾逊对经济制度和政治制度进行了类型划分，划分为抽取性（extractive）和包容性（inclusive）两种类型。抽取性经济制度的特征是缺乏法律和秩序、产权得不到保护、垄断导致市场机制无法有效运行，以及缺乏一个公平竞争的环境。抽取性政治制度的特征是权力集中在少数人手中，缺乏法治、政治家缺乏约束与制衡等。与此相对立的制度类型是包容性制度。包容性经济制度强调机会公平、产权保护、市场机制成熟等。包容性政治制度特征是政治制度允许更多的参与，多元主义、法治、权力的约束与制衡等。它们的关系有四种：抽取性经济制度抽取性政治制度、抽取性经济制度包容性政治制度、包容性经济制度抽取性政治制度、包容性经济制度包容性政治制度。

在戴龙·阿席莫戈鲁和詹姆斯 A.罗宾逊看来，国家失败的原因从制

① Daron Acemoglu，James A. Robinson. Why Nations Fail：The Origins of Power，Prosperity，and Poverty. New York：Crown Business，2012.

度类型与组合关系中寻找的话，繁荣国家的基本特征是包容性经济制度包容性政治制度的组合，失败国家的基本特征是其他三种类型的组合。经济制度与政治制度两者的相互关系既可能形成良性循环又可能形成恶性循环。好的制度或者说能够得到遵守的制度就是包容性经济制度和政治制度。

美国学者道格拉斯 C.诺斯（Douglass C. North）、约翰·约瑟夫·沃尔斯（John Joseph Walls）和巴里 R.温格斯坦（Barry R. Weingast）以暴力与社会秩序的关系为分析视角，通过宏观制度史的比较来探寻与戴龙·阿席莫戈鲁和詹姆斯 A.罗宾逊提出的同样的问题——国家富裕与贫穷的原因。他们开宗明义地指出，“社会科学的任务是解释在时间维度上社会绩效的特征，包括富国和穷国在人类幸福上的巨大差异，并且比较导致这些差异的政治组织形式、信仰及社会结构的不同”①。他们认为在五千年至一万年之间出现了人类社会第一次社会革命，开始有历史记录，新石器、农业、城市等出现。第二次社会革命开始于两百年前，现代工业革命开始发动，人类社会的组织起着重要的作用。两次革命导致社会的组织方式发生深刻变化。他们用“社会秩序”来描述新的社会组织方式，这是从一种秩序转向另一种秩序的关键。对社会秩序的构建包含着暴力、组织、制度与信仰四个要素。人类社会出现了三种类型的秩序：第一种类型的秩序是狩猎时代，其特征是社会组织数量比较少；第二种类型的秩序是有限准入秩序或自然状态秩序，出现在第一次社会革命时代，以人际关系为基础建立社会组织，权势人物以个体关系为纽带来运行权力；第三种类型的秩序是开放社会秩序，出现在第二次社会革命时期，人际关系仍然起着一定的作用，但是个体人格认同还是下降，公民概念开始出现，个体之间的互动不必在意对方的身份。自然状态下个体互动在乎的是对方身份，而开放状态下的个体互动是非人格化的。从自然状态秩序向开放社会秩序转变是现代性的兴起。在他们看来，这个转变的过程是富国与穷国之间的差异。非人格化意味着通过自由、公平方式来建立各种类型的组织，暴力受到约束，各类组织数量激增，适应社会动态变化的社会秩序建立起来。在制度

① Douglass C. North，John Joseph Walls，Barry R. Weingast. Violence and Social Orders：A Conceptual Framework for Interpreting Recorded Human History. Cambridge：Cambridge University Press，2009：1.

层面上需要建立三个入门条件：对精英进行法治约束；公共和私领域有永存的组织；对军方牢固的控制。格拉斯 C.诺斯、约翰·约瑟夫·沃尔斯和巴里 R.温格斯坦从历史发展角度，围绕着暴力、组织、制度与信仰四个层次，揭示出国家富裕与贫穷在社会秩序构建上的差异。

2011 年，著名学者福山（Francis Fukuyama）的《政治秩序的起源》问世。他从比较的眼光来分析良好政治秩序的形成。他指出：没有比较，无法知道特定的实践和行为对特定社会适用还是对大多数都适用。只有通过比较分析才可能搞清楚当今世界上类似地理、气候、技术、宗教或冲突的因果关系[①]。良好政治秩序的形成需要相应的制度安排，通过对全球多个国家的比较，他发现三类制度安排非常重要：强有力的国家、法治，以及负责任的政府。国家，沿用韦伯的定义，是对合法暴力的垄断，是社会权威的来源，国家是一个良好社会秩序来源的基础，这个看法是福山思想的一个重要转折点。法治则是对国家进行约束，成为约束统治者之上的权威。换言之，成文的法律是正式规则，对权力进行配置。制度成为代替人格化权力的一套系统。一个社会不仅要运用正式法律来约束国家权力，确保统治者遵从正式法律，而且还要确保其向代议机构、各种各样的民众代表负责。责任政府是现代社会有效运转的基石。福山把强有力的国家、法治、责任政府看成是一个开放、有活力政治秩序的三根支柱。

宏观史比较的意义在于揭示出良好社会秩序建立所需要的制度类型，如强有力国家、负责任的政府、法治、控制军方的制度等，其特点是具有包容性、开放性、公正性及非人格化等。宏观史比较研究的结论有助于我们把当下中国努力建构一个开放、有活力的秩序社会放到一个更长时间和空间背景下去认识，“读史明智”，能够丰富我们对当下中国社会秩序思考的智慧。这种智慧就是应当如何去吸收人类文明优秀成果来丰富当下维稳的制度选择。

现代社会的秩序是由制度提供的。合法性成为秩序的来源与基础。合法性是对政治权威的认同。认同不仅来源于心理和文化，而且还来源于价

① Francis Fukuyama. The Origins of Political Order：From Prehuman Times to the French Revolution. New York：Farrar，Straus and Giroux，2011：18.

值目标和政权类型的绩效比较。现代政治制度的设计是围绕着两个目标展开的，一个是为了奠定政权合法性而设计的制度体系；另一个是围绕着解决社会矛盾和冲突而设计的制度体系。尽管从类型上看，这两套制度体系存在差异，但是两者却是统一的。解决社会矛盾和冲突的制度体系能否有效或能否体现出人类社会共同的价值追求本身就是政治认同的来源，如对暴力的约束。以解决社会矛盾和冲突为目标的制度体系被纳入到抗议政治的社会运动框架。制度类型上的差异带来了政策领域指向目标的不同。现代社会良好秩序的建构基础在于把两种类型的制度统一整合进国家制度体系内。换言之，良好社会的政治制度具有上述的双重功能。

简要地说，好的制度是秩序的来源，好的制度才有可能有力量，才有可能得到遵守。好的制度必然是人类历史发展普遍规律的反映。转型、秩序与制度具有内在的统一性。

第二节　相关性、机制与决策过程

研究逻辑建立在相关性、机制与决策过程三个层次上。相关分析（correlation analysis）研究现象之间是否存在着依存关系，以及关系的类型和程度等。在科技领域相关分析主要运用在遗传学等，在社会科学领域相关分析通常与回归分析联系在一起。在这里，我们不是讨论相关分析方法、相关性的测量等计算问题，而是讨论相关分析对社会稳定风险评估研究的逻辑支撑点。“相关关系是无法预知未来的，它们只能预测可能发生的事情。”①相关性分析与决定论是相对的。决定论是 18 世纪科学家所提出的解释自然现象的典型观点，认为根据牛顿力学原理，世界所有现象都可以用相似方式来解释，就是被某种法则或自然力量所支配。康德把一般性法则决定现象的观念提升为所有经验的必要条件，形成了影响深远的决

① 维克托·迈尔-舍恩伯格，肯尼斯·库克耶. 大数据时代：生活、工作与思维的大变革. 盛杨燕，周涛译. 杭州：浙江人民出版社，2013：72.

定论（determinism）。在社会科学界决定论的逻辑长期支配着研究设计。量子力学的崛起挑战着牛顿力学的决定论，因为许多现象的出现和作用都是“偶然的”，并非所有现象都可以被预测和控制。生物学、开放系统论等的出现都对决定论构成了挑战，特别是在社会科学领域，决定论的解释力受到更多的挑战。许多社会现象的形成和出现是偶然或多重因素相互作用和影响的产物，绝非一种因素或力量作用或决定的。

按照维克托·迈尔-舍恩伯格和肯尼斯·库克耶的看法，在互联网时代，大数据（big data）条件下，社会科学研究的决定论被相关性所代替。他们说：“我们理解世界不再需要建立在假设的基础上，这个假设是指针对现象建立的有关其产生机制和内在机理的假设……取而代之的是，我们可以对大数据进行相关关系分析……建立在相关关系分析法基础上的预测是大数据的核心。”[①]相关性分析的关键是寻找到一个关联物（关联变量）。通过关联变量，我们可以捕捉现在和预测未来。

通过对当下层出不穷的群体性事件的分析，群体性行动具有一定的偶然性和不确定性，存在着一定程度的传染机制和影响机制的作用。因此，从相关性而不是决定论角度来分析社会稳定更具有逻辑合理性和现实必要性。

机制是行动-制度之间的中间变量。本书用的“机制”是群体行动与政府行为之间互动的通道（access）。在大卫 S.迈耶（David S. Meyer）看来：“社会运动与政治过程相关就在于其兴起和衰落与国家提供的条件相关。”[②]机制是把微观层次和宏观现象联结起来，旨在对宏观现象进行多层次分析。默顿（Merton）对社会行动的无法预料的后果进行了分析，把个体行为分为无目的的行动和有目的的行动。有目的的行动又分为理性行动、有目的但并非严格的理性行动。而有目的但并非严格的理性行动带来的是两类后果：有预料到的后果和没有预料到的后果。因此，对行动类型

① 维克托·迈尔-舍恩伯格，肯尼斯·库克耶. 大数据时代：生活、工作与思维的大变革. 盛杨燕，周涛译. 杭州：浙江人民出版社，2013：75.

② David S. Meyer. Protest and political process//Edwin Amenta，Kate Nash，Alan Scott. Political Sociology. New York：Wiley-Blackwell，2012：397.

的分析是研究机制的起点[①]。特别是对群体性行动的分析，需要更为细致地来识别群体行动的类型与动机。在研究群体性行动中关键的机制类型有偏好（preferences）、机会（opportunities）、社会传染（social influence）等。

偏好的含义是什么？难以达成共识。与此相关的概念有“价值”（value）、“口味”（taste）、“利益”（interests）、“选择”（choice）等。在英文中“偏好”是 preference，本身的含义很简单：比较喜欢，在两个或更多的选择中更偏爱其中一个。偏好通常被理解为价值的具体表达，是主体与客体关系更为形式化的表达。经济学家和行为主义决策理论家认为偏好、价值、口味等具有主观性，无法清晰地用来界定人们的行为，因此用功利来代替，从而把偏好等同于理性选择。在现代政治学中，偏好被利益代替了。利益包括精神利益（认同）和物质的需要和需求。在利益与偏好的关系上，典型的观点认为偏好包括了利益，利益是偏好构成的要素。利益是经过反思的（reflective）启蒙的偏好（enlightened preference）[②]。经济学家通常把偏好等同于选择，选择被认为是表达出来的偏好，而非隐藏的偏好。选择的过程意味着偏好是一种评判的标准。在政治学学科范围里，偏好包含着多层次的意思。偏好的形成是以政治价值为基础的，偏好是价值的一个部分。偏好的价值部分来自经验、记忆、家庭传承、教育等。偏好的第二个层次是利益，是经过价值过滤的偏好，既可以具体化为清晰的功利计算，也有可能体现为一种价值追求。第三个层次是选择的标准，是在多种选择项中进行选择的依据。

偏好具有哪些特性？①偏好具有可传递性。从形式上说，在选择项 A、B、C 中，如果 A>B>C，则 A>C。②偏好具有内生性和外生性特征。内生性是指偏好在某一段时间内，在信息约束条件下，具有相对稳定性，随着这些条件的改变内生偏好也可能具有变动性。外生性是指偏好在时间、信息和价值观发生改变时，具有变动性。变动性与建构性是同义的。因此内生偏好和外生偏好都具有变动性和可建构性。③偏好具有表达

① Peter Hedström，Lars Udehn. Analytical sociology and theories of the middle range//Peter Hedström，Peter Bearman.The Oxford Handbook of Anlaytical Sociology. New York：Oxford University Press：2009，35.

② Jane Mansbridge. Rethinking representation.American Political Science Review，2003，97（4）：517.

出来和隐藏的特征。表达出来的偏好成为利益或选择的标准。在特定的环境和外部约束条件下，偏好具有隐藏的特征。对偏好的分析是研究人群集体行动选择的起点。

机会有两重含义：一是分析人们的选择，在政治、社会、经济和技术的限制范围内对可能的选择项进行挑选，选择项通常是外部条件提供给行动者的；二是这个概念来源于对社会不平等和公民权利的分析，围绕着平等原则展开①。古典决策理论认为选择是行动者的偏好和可能的选择项之间的结果。相互依赖的决策理论认为机会取决于不同行动主体之间的互动，这来源于博弈论的思维。社会运动的文献，对群体性行动关注的是政治机会。政治机会来源于群体与国家的互动，特别是政治过程变革提供的“机会之窗”。

社会传染机制的研究首先来源于企业管理领域对“消费炫耀”（conspicuous consumption）、时尚等方面的研究；后来在科学研究趋势、选举、创新扩散等方面的研究都直接涉及传染机制方面②。在群体行为研究方面 19 世纪的社会学家从社会心理角度对传染机制进行了描述和研究。这构成了社会传染机制研究的微观流派。宏观流派关注的是群体行动的大问题，如社会运动的动力机制、组织参与的个体心理、社会运动相互之间的模仿，以及社会网络对群体行动的影响。微观领域的研究揭示多数对少数个体的影响，或者多数人对少数人的影响，如顺从、自我形象肯定的心理机制。

决策过程理论主要研究谁来决策，如何决策，决策的结果是什么等。关注过程的理论有阶段启发框架、制度性的理性选择、多源流分析框架、间断-平衡框架、支持联盟框架、政策传播框架、文化理论，以及建构主义者框架等③。综合上述理论，公共决策过程理论探讨三个问题：制度框架、行动主体、机制。制度具有层次性，按照埃莉诺·奥斯特罗姆的划

---

① Trond Petersen. Opportunities//Peter Hedström，Peter Bearman. The Oxford Handbook of Anlaytical Sociology. New York：Oxford University Press，2009：115.

② Duncan J. Watts，Peter Dodds. Threshold models of social influence//Peter Hedström，Peter Bearman. The Oxford Handbook of Anlaytical Sociology. New York：Oxford University Press，2009：475-476.

③ 保罗·萨巴蒂尔. 政策过程理论. 彭宗超，钟开斌译. 北京：生活·读书·新知三联书店，2004：8-18.

分，分为宪法、集体选择、操作抉择（策略）三个层次[①]。宪法和集体选择体现为成文规则，具有可预见性特征；而操作抉择（策略），以不成文形式表达出来，构成了行动者的行为预期。行动主体包含行动者、行动情景与舞台。行动者的偏好、动机、利益、行动能力等影响到决策的选择，而行动情景与舞台则是行动者作出决策判断的约束条件。机制（mechanism）处于原因和结果的居间地位[②]。各类影响要素通过机制作用演变成为结果。机制具有鲜明的时间和空间特点。

相关性、机制与决策过程理论构成研究社会稳定风险评估的三个基点。它们的构造是围绕着相关性而展开的，并非寻求一种决定性或因果性。

第三节　制度安排分析框架

在制度安排层次上来研究社会稳定风险评估。制度安排既是研究的对象又是分析的层次和单位。制度安排是单项制度，与其他类制度安排构成了制度体系。制度是社会演化和理性设计双重作用下的产物。社会演化和理性设计并非简单对立的关系，而是相互作用的关系。

一、研究思路和方法

研究思路的设计是研究社会稳定风险评估制度安排的学理基础、成长与绩效；在地方决策制度体系框架内研究社会稳定风险来源，并把该项制度安排的功能定位为推动地方决策过程转变的动力；提升社会稳定风险评估制度安排的科学性，围绕着风险治理和风险测量来展开研究（图 1-1）。

---

① 埃莉诺·奥斯特罗姆. 制度性的理性选择：对制度分析和发展框架的评估//保罗·萨巴蒂尔. 政策过程理论. 彭宗超，钟开斌译. 北京：生活·读书·新知三联书店，2004：47.

② Neil Gross. A pragmatist theory of social mechanisms. American Sociological Review，2009，74：362.

在上述基础上对健全社会稳定风险评估制度安排路径进行分析，最后从风险社会民主治理机制的层次论述该项制度安排在国家治理体系中的作用和意义。研究思路建立在社会稳定风险评估制度安排的有效性和民主性基础上。有效性是指社会稳定风险评估能够在实践中实现源头治理，缓解社会矛盾激烈程度，降低维护社会稳定的成本。民主性是指在风险评估的过程中，推动公众参与，推动地方决策过程的转变，构建一个开放的、多元的、包容的决策过程。

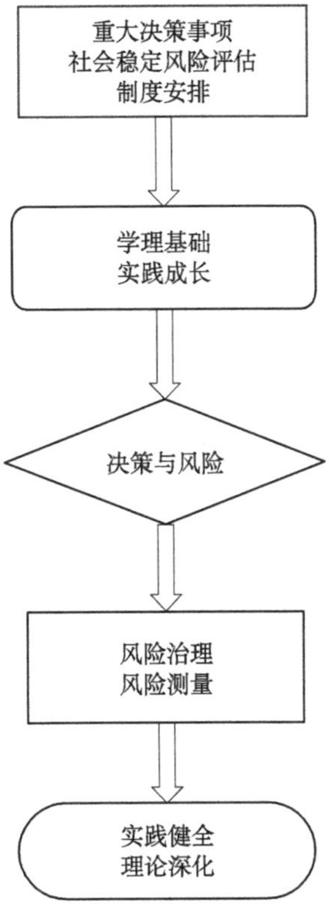

图 1-1 制度安排与风险治理

二、研究方法强调知识与实践的对话

通过社会调查的方法，如座谈会、访谈会、参与社会稳定风险评估来收集来自实践运行中的信息。同时运用制度分析、文本分析、案例分析方法来进行理论研究。重视知识进入实践进程，通过决策咨询的研究，参与到地方实践部门的制度安排的设计和政策的制定。根据调研的地方部门要求，有的内容公开化，有的内容则匿名。

三、研究内容

第一章绪论。围绕社会秩序重构的制度基础展开分析。从现代化进程与社会秩序关系角度来分析当前社会稳定风险评估努力构建新秩序的价值和意义。从制度与秩序的角度来分析制度安排所具有的基本功能，确立了制度安排的视角来分析社会稳定风险评估。阐述了研究的主要内容、思路（逻辑）和方法。在制度安排分析层次上，围绕着一个逻辑基点来展开——有效性和民主性。

第二章制度安排的学理基础。在制度安排层次上，本书首先从制度安排的学理基础出发，探讨社会稳定风险评估的知识基础。社会稳定风险评估的制度安排处于国家与社会互动的通道上，处于国家与社会的界面（interface）上。这个定位意味着该项制度安排把经济社会变化状况及时导入到国家体制内，国家把政策和行动传送到社会。在这个定位基础上，社会稳定风险评估是把决策与评估、抗争与参与、战略预见、风险管理等相关理论吸纳成为一项新的制度安排。

第三章制度安排的成长与绩效。以社会演化和理性设计为视角分析社会稳定风险评估制度安排的出现、成长，以及逐步进入体制内和决策程序的过程。通过对社会稳定风险评估制度安排成长的研究，关注到有效性成为制度安排选择的基本价值准则。社会稳定风险评估的制度安排还把公民的意见、建议、利益和需求作为评估的要素，并且把公民同意与否作为决策的否决点，说明它对民主建设具有积极意义。

第四章决策与风险源。以决策制度安排为分析单位，研究决策、政策变迁与社会稳定风险源之间的关系。社会稳定风险评估的核心要旨是源头治理。这个源头就是当前的决策者、决策结构、决策过程与政策变迁的过程聚集了风险源。进而研究社会稳定风险源与决策制度安排的相关性。

第五章制度安排与决策过程转型。该项制度安排运转的核心是变革地方政府决策过程，建立维权与维稳统一的制度通道。社会稳定风险评估既是一种维护社会稳定模式又是对决策过程评估，两者的结合形成了对其研究的内在理路。这是有效性和民主性的具体体现。

第六章制度安排与风险治理。在风险治理框架内研究社会稳定风险演化的动力与演化机制。演化动力分析与演化机制的评估提升社会稳定风险评估制度安排的吸引力和有效性。

第七章制度安排与风险测量。该项制度安排的有效性建立在科学的预判和测量基础上。在对国内外风险测量指标比较的基础上，提出一套新的适合本土实践的测量标准，进一步提升制度安排的有效性。

第八章健全制度安排的路径选择。在对制度安排运转状况全面评析的基础上，对当前运行过程中的关键问题进行研究，提出进一步健全的要素和路径。

第九章制度安排的理论化。把社会稳定风险评估制度安排总结为风险社会的民主治理机制，进一步探索该项制度安排的理论意义和学术价值，研究转型中国家制度安排的演化和设计，探索该项制度安排对社会秩序重构的价值意义。

第十章持续推进制度安排的发展。总结本书的发现和基本结论，并论述研究不足以及下一步的研究方向。

四、核心概念的界定

核心概念主要指描述现象和分析现象的概念，包括重大决策、制度安排、社会稳定风险评估、公民（公众）参与、治理等。在学界通用的概念、含义的基础上，本书运用这些概念的基本含义，并在特定环境下使用该概念进行了特别说明。

重大决策事项是描述性而不是分析性概念。“重大”在不同行政层级和不同领域的内涵存在着明显的差异。现行的实践领域，对“重大”的界定采用了列举法，如企业改制、环境保护、土地征用、城市拆迁等，主要涉及与民众利益相关的领域。在实践中通常都说成“决策事项”，而非学术上“政府发布的成文决定、公告、规划、计划、通知”等。在当前从中央到地方的社会稳定风险评估的文件里，基本上都不用“重大政策”而是用“重大决策事项”这个术语。为了促进学术与实践之间的对话，本书的“重大决策”与“重大决策事项”具有同等含义，在具体的情境里，相互替代使用。例如，上海市闵行区对“重大决策”进行量化标准，“财政支出超过1000万元/年，或者涉及相关主体超过10 000人（户）的，界定为重大决策”①。

制度安排是制度主义分析的基本概念。制度是一整套规则体系，以成文的或不成文的形式表达出来。制度安排是指一个单项规则，是整个规则体系的组成要素。

社会稳定风险评估的官方定义是与人民群众利益密切相关的重大事项在出台或审批前，对可能影响社会稳定的因素开展科学、系统的预测、分析和评估，制定风险应对策略和预案。其核心意思是从源头上预防和化解社会矛盾。本书的社会稳定风险评估是决策风险评估（包括生态环境、经济和社会稳定）的一种类型的评估，是对影响社会稳定因素的评估，旨在实现源头治理，化解社会矛盾或缓解社会矛盾的激烈程度。

公众（公民）参与（public participation）是公民的知情权、表达权、谈判权和同意权的具体体现，它不等同于参加和到场。它具有多种形式、不同机制并实现不同的目标，其实质是决策权的一种分享机制。在本书中，公众与公民并没有作出明确的区分，在不同场景里根据需要互换使用。

治理（governance）的基本含义是描述多元主体（政府、企业、公民社会）在决策过程中的互动方式，跨越地方、国家、全球层次，并且综合运用行政、市场和网络机制实现战略和目标。

---

① 资料来源于作者的调查。

本章小结

建构一个适应社会快速变化且具有自我创新能力的社会秩序是现代化运动和过程的关键议题。大量的研究都揭示出良好的社会秩序是建立在制度基础上的。社会演化和设计是制度形成的两个机制。制度的效果在于能够得到普遍遵守并能约束人们的行为。制度是人类追求的价值具体体现，如民主、法治和参与等价值观。社会稳定风险评估可以当作是一项决策评估的制度安排，其有效性和民主性决定了制度安排的生命力。这些是本书的研究起点。

第二章

制度安排的学理基础

制度安排的出现有社会演化和理性设计两个机制。理性设计是运用科学知识对制度安排的文本进行编写。换言之，制度安排需要科学知识做支撑。对社会稳定风险评估制度安排的理论知识基础进行研究，这是制度安排理性设计的知识基础。学理基础探讨制度安排基本原理，这与当前对社会稳定风险评估研究“就事论事”明显不同①。

社会稳定风险评估制度安排实质是在国家与社会之间架起的一个制度通道。尽管国家与社会之间存在着多重能量交换的通道，但在中国特定的发展阶段和制度框架下，在维护社会稳定和构建良好秩序的压力下，对决策进行风险评估具有内生的动力机制。评估的出发点是把事后可能发生的社会抗争通过决策过程的转变纳入到事前的公众参与轨道上来。事前的评估需要的分析工具是战略预见和风险管理。

第一节　国家与社会

社会稳定风险评估是一项制度安排，其学理基础建立在国家/社会互动之上。社会稳定风险评估的核心要旨是把社会力量导入到公共决策过程

① 孔伟艳在《重大决策社会稳定风险评估研究综述》一文里，对当前社会稳定风险评估研究现状进行的评述，可概括为“就事论事”，学理分析明显不足。见：孔伟艳. 重大决策社会稳定风险评估研究综述. 经济论坛，2014，(10)：114-118.

中，从而实现国家对社会一定程度的开放；反之，它也反映了国家力量进入社会系统（state-in-society），运用国家力量来疏导社会发展过程中积累的社会稳定风险。因此，社会稳定风险评估应置于国家与社会的界面和互动（interaction）进程来分析。

在规范层次上，国家与社会之间的关系呈现简单的三种博弈情形：对抗、妥协、合作。自由主义强调国家与社会对抗，保守主义强调妥协，法团主义强调国家主导或社会主导的合作。不同流派的政治思想对两者看法的差异源自对人性、国家及政治本质假设的差异。

在理论层次上，国家与社会之间的关系体现在强弱组合上。20 世纪六七十年代以来，随着政治发展理论的兴起，国家建设（state-building）显得日益重要。发展中国家的政治发展困境引发学界对国家强弱的关注。受到马克思主义影响的“回归国家学派”（bring the state back in）提出了国家是一个行动主体，具有自主性的分析思路。这些探索引发了国家-社会之间关系新的变化。国家能力（state capability）成为评估国家强弱的指标。国家能力的最基本含义是财政汲取能力，即税收征收能力。由于发展中国家和从计划体制向市场体制转型的国家都普遍面临着国家失败（state failure）的窘况，国家能力作为一个具有丰富描述性的概念开始被赋予更多的含义。国家能力与职能直接发生关联，如法律和制度的供给能力、维护秩序安全与稳定的能力、发展规划能力、基本公共物品供给能力、国家内部控制与纠错能力、意识形态和文化价值认同能力等。国家的强弱体现在能力高低上。

与国家能力相对应的概念是社会发展（social development）。社会发展质量高体现在社会自主性强、社会结构合理、功能有序，以及追求善的价值理念。在英语文献里，用 civil society（中文翻译成“市民社会”“公民社会”或“文明社会”等）理论来描述介于国家-市场之间出现的大量社会组织、团体、职业联盟等。从社会自身发展程度来看，“强社会”（strong civil society）是一个带有价值选择和道德规范的词汇。强社会首先是一个善的社会（good society），从而与黑社会、恐怖主义、宗教极端主义等形形色色的组织相区别。强社会体现在社会具有自主结社特征。千姿百态的社会组织是强社会的直观体现，社会组织其本质是一种价值追求，把个体从原子化状态中解放出来，结社成团体。结成社团是出自个体自愿，而不是强制。因此社会组织密度是测量社会强弱的一个指标。社会信任、容忍、合作、集体行动等也成为观测社会强弱的窗口。有的学者从结构-空间-价值-影响四个维度构成的钻石框架来测量社会强弱①。

国家与社会之间强弱组合，形成了四种关系，如图 2-1 所示。

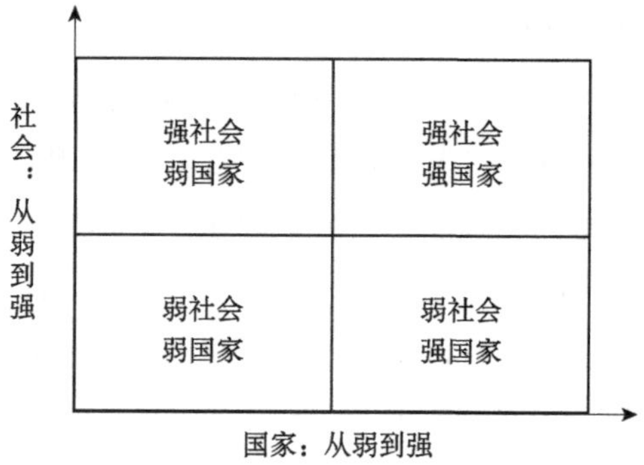

图 2-1　国家与社会强弱关系分析

规范和理论层次分析都假定国家与社会之间存在明显的界限（boundary）。国家是有性格的行动主体，社会是复杂的社会生命系统。然而，在经验研究层次，国家与社会之间却并非泾渭分明，而是相互交错②。乔 S.米格德尔（Joel S.Migdal）提出了国家在社会中的过程分析框架。从逻辑上看，“硬币”的一面关注的是国家自主性以及国家对社会的控制与渗透；“硬币”的另一面是社会进入国家（society-in-state）。社会对国家能够形成一定程度的制约，失败国家或弱国家是其极端形式。在实证层次上，研究国家与社会之间的关系合理分析框架是国家与社会之间形成良性互动（good interaction），构成了图 2-1 的强社会强国家理想状态。理想状态下的国家与社会之间的互动首要问题是解决国家与社会之间的界面。界面是

① Helmut K. Anheier. Civil Society：Measurement，Evaluation，Policy. London：Earthscan，2004：14-42.

② Joel S. Migdal. State in Society：Studying How States and Societies Transform and Constitute One Another. Cambridge：Cambridge University Press，2001：3-36.

工程技术领域的一个专用术语，描述仪器设备部件之间的接口，后来广泛运用于表述事物相互联结、相互作用的状态，如人机交互界面。在工商管理领域，组织界面用来指不同类型企业之间的复杂交换活动。网络组织和网络治理概念的兴起，使界面成为网络的节点（node）。

国家与社会之间存在着许多界面，如国家提供的法律制度和公共秩序、意识形态、公共物品、再分配的政策、对经济社会活动的监管框架等。而公共决策过程是国家与社会的互动最集中的界面。社会稳定风险评估其实质是对决策社会影响评估，旨在实现源头治理。国家与社会互动有两个界面：评估，打开了决策的“机会之窗”；公众参与，开放了决策过程。从社会稳定风险评估的终极目标来看，实现国家与社会的合作，从而形成强国家强社会的理想格局，推动中国的民主建设和国家建设。

在国家与社会互动界面上来认识和理解社会稳定风险评估，把该项制度安排的生命力置身于民主政治和国家建设的双重维度交叉点上。这个定位实质是建立了社会稳定风险评估的制度安排评价坐标：民主性和有效性。通过社会稳定风险评估提升行政决策的有效性，从而克服转型时期国家与社会之间的紧张关系和直接对抗性；民主性是把经济社会发展积累的消极能量转化为决策过程的正能量，从而提升决策的民主化程度。有效性和民主性是相互支撑的，构成了社会稳定风险评估的两个支点。

第二节　决策与评估

对公共决策进行系统的评估起始于环境影响评估（environmental impact assessment，EIA）。公共决策结果以多种形式呈现出来，如建设工程项目、政策、战略规划等。环境影响评估分为建设项目、规划和战略性等几个层次。与环境影响评估相伴随的是社会影响评估（social impact assessment，SIA）。社会影响评估起源于 20 世纪 50 年代唐纳德·坎贝尔

(Donald Campbell)的《社会背景下实验有效性相关因素》，该书引入了社会科学方法来研究实验和准实验内外部有效性的测量[①]。20 世纪 60 年代，在美国“向贫困开战”的运动中成立了“经济机会办公室”，要求对社会政策进行评估。但这些努力并没有成为制度安排。1969 年，美国实施《国家环境政策法案》，要求联邦政府机构对立法的人类环境（human environment）的影响进行评估，促进了环境影响评估大发展。社会影响评估首先出现在对环境的社会影响评估中，由美国社会学会提出。20 世纪 70 年代，在福特基金会资助下，联邦政府对社会政策和项目进行评估，超越了环境影响评估的范畴。20 世纪 80 年代，联邦政府开始形成环境和社会影响评估两个体系，并得到广泛运用。1986 年，世界银行在其资助的工程项目领域进行社会影响评估。此后社会影响评估得到全面、广泛的发展。

《国际社会影响评估手册》（*The International Handbook of Social Impact Assessment*）对社会影响评估的基本定义是“对干预性的行动（政策、项目、规划和工程）的预想到的或未预想到的社会后果进行分析（预测、估算和反思）和管理”[②]。对影响评估的内容和方法没有太大的争议。争论的焦点集中在“社会”的范畴上，社会难以进行清晰的界定。首要的是社会影响评价价值和目标的定位。国际影响评估协会（International Association for Impact Assessment，IAIA）提出，社会影响评估的基本价值和原则有 12 条[③]：

（1）规划和社会影响评估的首要原则是基本权利平等；

（2）规划性干预的社会影响是可预测的；

（3）规划性干预能够被调整，以减少负面影响，提升其正面效果；

（4）社会影响评估应纳入到决策的全过程；

（5）应当更多关注可持续发展的社会方面，社会影响评估（连同环境

① 参见：http://lsi.mckinsey.com/what_is_social_impact_assessment/the_history_of_social_impact_assessment [2015-12-11].

② Henk A. Becker，Frank Vanclay. The International Handbook of Social Impact Assessment. Cheltenham：Edward Elgar. 2003：2.

③ Henk A. Becker，Frank Vanclay. The International Handbook of Social Impact Assessment. Cheltenham：Edward Elgar. 2003：4-5.

影响评估）能够提供更好的发展方式，平衡经济利益和社会成本；

（6）所有干预性规划及其评估，应当有助于地方社区社会和人力资本的培育以及强化民主过程；

（7）对于从干预性规划中获益的人群应当仔细调查；

（8）当一些不可避免的影响存在时，应当对干预性规划的不同方案进行比较；

（9）即使干预性规划得到批准或被认为是有益的，也应当对其环境和社会潜在影响进行全面评估；

（10）在评估过程中地方性知识、经验和文化应当充分考虑到；

（11）在评估和规划性干预时，不应当使用暴力、恫吓和威胁；

（12）侵犯人权的所有干预性计划都应当停止。

从上述 12 条原则出发，社会影响评估的“社会”主要体现在平等（代内和代际）、价值多元、成本内化（而不能外溢）等基本含义。具体地说有生活方式、文化、社区、健康、福利、基本权利、身心安全、代际公平等。在这其中社会稳定影响评估集中在基本权利、健康和福利等方面。社会影响评估关注政策、项目、工程的社会后果，评估的目的是分析、监管和管理这些后果。这些后果包括积极的、消极的、预料到的、没有预料到的、直接的、间接的、短期的、长期的。社会影响的后果包括对人群的需要、偏好、居住、工作、娱乐、相互之间的关系、利益结构等方面带来的变化。社会影响评估的对象是人，所以往往涉及价值冲突和权力斗争。

决策过程是国家与社会互动的界面。影响评估是决策科学化和民主化的要求，体现了民主性和有效性的价值追求。影响评估本身就是打开决策过程黑箱的一把钥匙。社会稳定风险评估从其本源上来说，是社会影响评估的一个部分。评估的主题是社会不稳定。在中国的语境下，社会不稳定特指大规模信访、越级上访、群体性事件、极端事件、网络舆情等。社会不稳定是社会群体行动的一种表达方式，或许也可以理解为社会群体博弈的一种方式[①]。社会不稳定的根源在于维权机制发育不足。换言之，社会稳定风险评估实质是通过对民众的基本权利进行影响评估，从而实现管控

① CaiYongshun. Collective Resistance in China. Stanford：Stanford University Press，2010：191.

型维稳模式的转变。

从学理上来看，社会不稳定的影响评估是一种敏感性或风险性的评估，即冲突敏感性的社会影响评价分析框架（由于社会稳定风险评估的实质是对社会矛盾和冲突的一种评估）。在冲突敏感性的社会影响评价框架内，社会影响具有多种结果，其中有一种类型的结果是引发社会冲突的原因①。简要地说，工程、项目、政策、规划等可能引起社会变化（social change）。社会变化表现在人口、经济、空间、制度运转、公民权、利益、分配、社会文化和心理等过程。决策的后果对社会变化有经济的正面效果，也有负面的和消极的效果。负面的效果往往会引发出社会抗争，进而影响到社会稳定。

社会稳定风险的影响可以进行以下类型化的划分。

（1）显性影响与隐性影响。显性风险是指已经暴露出来的社会不稳定倾向、苗头或事件，如通过 QQ 聊天、微博、网络社区、现场聚会、集会等形式表达出来的抗议，各地公安部门指挥中心掌握信息。隐性风险是指没有表达出来，但是存在着暗流或群众明显的不满意，根据地方相关部门的信息员或维稳部门工作人员的经验能够判断出来的风险。隐性风险有的时候是根据隐患能够识别出来的。

（2）主要影响和次生影响。主要影响是指重大事项可能带来的风险点，比如征地拆迁领域的补偿方案。次生影响是指主要风险在社会矛盾预防和源头治理过程中带来的新风险。

（3）短期影响和长期影响。短期影响是指在重大事项完成周期内爆发出来的时间短、程度激烈、容易识别出来的影响。长期影响是在周期结束后，由于社会稳定的隐患存在而在更长时间内才暴露出来的影响。

（4）技术影响与社会心理影响。在重大工程项目进行社会稳定风险评估过程中，特别是在合法性审查过程中，许多技术指标，如采光、距离等符合法律法规的要求。但由于缺少人文关怀方面的考虑，即使规划、方案等是合法的，也有可能引发群体性事件或者引发社会恶性事件。因此，在

① Paula V. Prenzel，Frank Vanclay. How social impact assessment can contribute to conflict management. Environmental Impact Assessment Review. 2014，45：34.

社会稳定风险评估过程中，针对不同人群的社会心理进行调查和评估。例如，有的地方在司法强制拆迁风险评估过程中，引入了社会心理分析，包括对拆迁对象的社会交往、心理落差、社会地位等方面进行的分析。

（5）单个影响与整体影响。单个是指重大政策与大型工程在生命周期不同阶段出现的风险点、风险概率、风险值。例如，大型工程在规划、建设、运营阶段涌现出的单项风险；大型工程的环境影响、社会影响等层面上涌现出的单项风险；重大政策在酝酿、议程设置、决策等阶段涌现出的风险；重大政策对不同利益相关群体的影响的单项风险。整体影响是指利益相关的公民、利益不相关的公民在信息扩散和传染机制的作用下，在社会形势演变不确定的条件下，涌现出的整体风险。整体风险不是单项风险的简单相加，而是由于人群之间存在着信息扩散和传染机制的作用而放大了社会稳定的风险。

对决策进行评估源自有限理性的假设。早期对决策评估主要立足技术维度，后来扩大到环境和经济维度，当下更多关注社会维度。社会稳定风险评估属于典型的决策预评估，但是在影响评估框架内还没有开发出评估工具和可能形成的风险概念，同时影响评估还停留在静态意义上。

第三节　抗争与参与

对“抗争”（contention）主题的研究反映出全球化时代国内外学界逐步走向趋同的一种表现。一方面，它反映了国际学界对抗争研究出现“转向中国”的变化；另一方面，经过中国学界持续多年的努力，国内研究成果获得了国际同行的认可。尽管研究出现了趋同，但是对中国社会出现的层出不穷抗争行为的研究还缺乏本土的解释力。中国特定发展阶段形成规模宏大的抗争具有非常复杂的原因，现代化进程高速推进，经济社会系统自身的演变集聚负能量，社会系统难以消化，如个体主义、消费至上、金钱迷恋与崇拜、社会交往网络结构的功利化等形成了抗争的价值和文化来源。规模宏大、影响深刻的城镇化是社会抗争的幕后背景。在强国家发展战略下，政策（决策）不当和失误是抗争的直接触发因素。大规模抗争的后果通常都会带来政策的变化。

抗争是社会的基本元素之一，斗争与团结都是源自人性，因此研究抗争是思想史上的主题之一。世界范围现代化运动带来社会大转型，刺激学术的研究。政治学、社会学等学科关注抗争议题。按照西德尼 G.塔罗（Sidney G. Tarrow）的总结，对抗争研究主要有四个理论：怨恨与集体行为（grievances and collection behavior）、理性选择与资源动员（rational choice and resource mobilization）、抗争的文化（contention of cultures）、政治过程模式（the political process model）[①]。

怨恨与集体行为理论是从社会心理角度出发来考察社会抗争。该理论认为社会运动是一种社会紧张关系的表现，游离于正常社会制度体系（组织化程度低）之外，是一种反常的社会心理，是一种具有自我意识的社会涌现现象。该理论分析的核心是个体具有被剥夺感，由此产生怨恨，从而形成集体行为。

理性选择与资源动员理论是新一代社会运动理论家突破原有框架，并引入了微观经济学的经济理性人分析假设。奥尔森（Mancur Olson）及其后来追随者都把集体行动类似于市场营销，没有共同利益就没有一定数量的人群来参与。人群数量越大，大家越可能存在着“搭便车”。显然奥尔森的理论难以解释大规模社会运动现象。后来社会学家约翰·麦卡锡（John McCarthy）和迈耶·扎尔德（Mayer Zald）以资源为主题来回答上述问题，个体资源的扩大、职业化程度提升，以及外部财务的支持等成为解决职业运动组织的答案。资源动员理论是解释社会运动如何开展的，是对早期关注结构的一种批判[②]。资源动员理论对社会运动的正式组织现象具有解释力。

---

① Sidney G. Tarrow. Power in Movement：Social Movement and Contentious Politics. Cambridge：Cambridge University Press，2011：22-28.

② Sidney G. Tarrow. Power in Movement：Social Movement and Contentious Politics. Cambridge：Cambridge University Press，2011：24.

抗争的文化理论来源于人类学、社会心理学和文化史等学科对社会运动现象的研究，关注社会运动的建构意义、对话及情感等方面的主题。按照塔罗所归纳的，有三个代表流派：汤普森阶级意识的自我建构；社会心理学派提出建构（framing）和共识性动员（consensus mobilization）概念来解释社会运动的个体情感因素；历史学的建构主义转向，如福柯对权力结构的研究；主体的建构核心是认同的形成。文化理论后续的研究关注到社会运动的激励（motive）因素。

政治过程模式理论具有很大的影响力。它提出的“政治机会结构”概念，比较有力地解释了国家与社会的互动，并且用来进行跨国比较研究，解释不同的社会运动的成功或失败。政治过程模式关注到机会-威胁、利用-压制之间的关系。后来有的学者对机会与结构的逻辑冲突进行评析，提出用“战略互动”来代替早期版本的解释。战略互动吸收了博弈思想，更为贴切地解释了国家与社会的互动关系。

抗争理论明确提出社会运动的主体是缺乏接近决策中心或参与公共政策过程的机会、能力或资源。换言之，没有开发出公民参与的路径和通道。

从学术谱系的角度看，公众参与的研究源自政治参与，甚至在相当长的时期内，两者之间的区分是不清晰的。1969 年阿恩斯坦（S. Arnstein）在《美国规划师学会》发表了《公众参与的梯子》（*A Ladder of Citizen Participation*）一文[①]，他认为公众参与是公众权力（citizen power）的一种类型。根据对联邦政府三个社会项目（城市改造、反贫困、模范城市）实施过程中公众参与的实证研究，他注意到社会弱势群体（have-not）对项目的规划和执行的参与，这些弱势群体在政治经济过程中一直处于被排斥的地位，参与也就意味着权力的重新分配，弱势群体因而获得了权力。从此以后，开启了研究公众参与的新浪潮，从而把公众参与研究与政治参与研究区别开来。

公众参与被广泛接受的定义是国际公民参与协会（International Association for Public Participation，IAP2）提出的七个要点：

---

① Arnstein S. A ladder of citizen participation. Journal of the American Institute of Planners，1969，35：216-224.

（1）公众参与的信念是那些受到决策影响的公众有权利卷入决策过程；

（2）公众参与包括承诺公众的作为将影响到决策过程；

（3）公众参与通过对所有参与者（包括决策者在内）的需要和利益识别和沟通来促进决策持续改进；

（4）公众参与积极推动那些对决策感兴趣或受到决策潜在影响的人们卷入决策过程；

（5）公众参与征求民众关于如何参与的意见；

（6）公众参与需要用便利方式给参与者提供所需要的信息；

（7）公众参与需要与参与者沟通他们的投入将如何影响到决策。

这些要点表明公众所参与的是公共决策过程，对政策的制定产生实质性的影响。公众参与有着许多方面的功能或益处。例如，提升合法性，增强信任感；提高决策科学性和民主性；提升公民的幸福感；等等。最显著的功能是防止社会冲突，把社会边缘群体纳入到决策过程，从而发挥从源头治理社会稳定的作用。

在中国特定发展阶段和制度框架内，按照公民参与对决策过程的影响程度来看，参与的形式有信息告知（information）、在场（presence）、发出声音（voice）、谈判与协商（negotiation and deliberation）、同意（consent）[①]。这些参与形式对决策过程的影响逐步增强，形成了参与通道。在中国情景里，“同意”成为非常重要的参与形式。官方与学界对参与理解的差异成为解释公民参与在中国发展缓慢的原因，因为官方和民众对公民参与公共决策过程都持怀疑态度。例如，公民参与的主要形式听证会在中国流于形式，成为政府与民众都关注的话题[②]。社会抗争和公众参与都是公众行为的一系列行为。

当前，我国政府将社会不稳定的表现概括为 12 种情形：冲击、围攻党政机关、要害部门及重点地区、部位、场所；发生打、砸、抢、烧及人

① 中文中“参与”的意思是介入，而并非是参加。国际公民参与协会把参与定义为五个层次的行为：信息告知、咨询、卷入、合作、授权，详见：http://www.iap2.org/。

② “听证专业户”使听证流于形式. 参见：http://theory.gmw.cn/2011-07/19/content_2301896.htm [2015-10-18].

员伤亡事件；非法集会、示威、游行；罢工、罢市、罢课；敌对势力插手利用，内外勾结形成热点；集体上访；极端个人事件；堵塞、阻断交通；媒体（网络）出现负面舆情；个人非正常上访；静坐、拉横幅、喊口号、散发宣传品；散布有害信息。

从群体行动的角度看，个体行动排除在研究议题之外。从组织化程度和暴力程度来看，群体抗争行为有组织化程度高的暴力、低度组织化暴力、无组织性暴力、集体抗议（占领敏感地区、堵塞交通、游行、示威、静坐、“集体散步”）、信访等。其中，信访可以纳入到制度性行为范畴内。组织化程度高的暴力行为不是抗争政治研究的范畴，而是革命政治研究的范畴。因群体行动而引发的国家安全问题也不应列入抗争政治研究的范畴。把上述因素都考量进去的话，抗争与参与之间的系列公众行为形成了一束光谱，简化为“公众行为光谱”（图 2-2）。

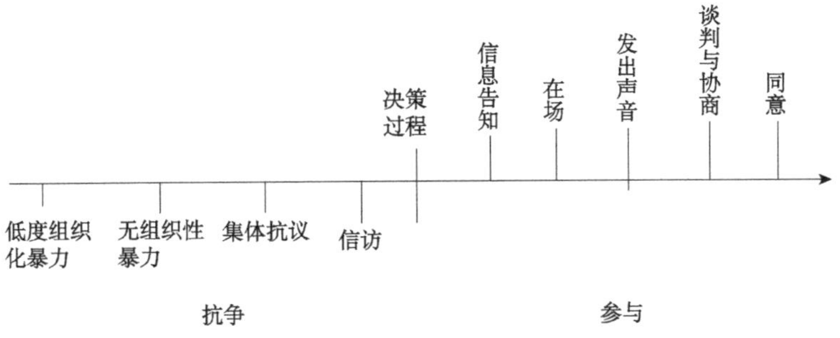

图 2-2　公众行为光谱

公众行为系列光谱旨在描述公众行为的转变关键是在于公共决策过程的变革。抗争政治的研究已表明社会运动的主体是缺少进入公共决策过程机会或能力的社会阶层，而公众参与的研究也表明公众参与公共决策过程能够防止社会冲突，特别是公民与政府之间的冲突。公共决策过程成为抗争政治和公民参与研究的交叉点。当地方公共决策过程排斥公民参与时，公民的需求、利益和偏好无法卷入到决策过程，必然引发公民对决策后果进行抗争。同样，大规模持续的抗争、严厉的干部考核和责任追究迫使地方政府领导人转变决策过程，倾听民意，注重民众的利益、需求和偏好。简要地说，社会稳定风险评估的要义是在评估的过程中推进公众参与，把群体抗争的负能量通过决策过程的变革转变为公众参与的正能量。

第四节 战略预见

对公共决策的影响评估属于前评估，其实质是把战略预见引入到公共政策制定过程中，提升对决策后果的可控性。与影响评估相比，战略预见更具有主动性，更加强调决策本身具有选择性和主观性特征。战略思想最初出现在军事领域，与战术是对应的一种思想方法，它关注的是整体规划以及实现长期结果。中国古代孙子被认为是最早提出战略思想的军事家。预见（foresight）通常是指个体对未来的一种思考，与此对应的词有：后见之明（hindsight），对过去的反思能力；洞察力（insight），对当下的认识能力。第一次运用“预见”这个词的是 1932 年英国广播公司（BBC）[①]。战略预见是组织具备的一种有系统、理性规划能力。在技术创新、商业、军事、气候变化等诸多领域战略预见方法已得到长足应用和研究。近年来在公共政策领域开始出现运用战略预见方法对决策过程的研究。2010 年比特 • 哈比格（Beat Habegger）在《公共政策中的战略预见：对英国、新加坡和荷兰经验评论》一文中指出：“战略预见和解释对公共政策制定的贡献集中在两个方面：一方面为政策趋势提供系统的知识；另一方面推动政策制定者之间相互社会学习，并模拟公共政策者共同接受的愿景。”[②]

从决策的时间影响来看，公共决策有两种类型。一类决策是机会决策，“机会之窗”打开时，需要公共部门采取行动或不行动。机会决策是在各类条件和信息都已确定的条件下，投入–产出或投入–结果之间因果关系比较显著。另一类是战略性决策，与决策相关的各类要素都处于变动过

① Tuomo Kuosa. The Evolution of Strategic Foresight. Farnham，England：Gower，2012：3.

② Beat Habegger. Strategic foresight in public policy：Review the experience of the UK，Singapore and the Netherlands. Futures，2010，42（1）：49.

程中，决策的影响或后果常超出决策者理性认识范畴，预料之外的结果可能发生。战略预见是把预见与决策融合在一起，从而强化对战略性决策的研究。战略预见的研究包括趋势研究与未来研究。趋势研究是评估当前的行动、决策带来的可能后果；未来研究关注潜在的各类因素发展、社会整体的变革等。

趋势研究和未来研究结合在一起，形成了战略预见的四个层次：评估当前行动和决策的意义（结果评估）、在问题暴露之前发现并避开（早期预警和引导）、未来可能的事件对当前意义（形成主动性战略）、未来设想的方方面面（情景模拟）[①]。这四个方面与社会稳定风险评估的实质含义高度吻合。从事物发展客观规律来看，有五种状态：永远不会发生（never）、不可能发生（unlikely）、不确定发生（uncertain）、可能发生（possible）、能够发生（can be done）。战略预见在这些要素进行分类和区分的基础上，识别出决策与环境因素之间互为影响的路径和结果。从领域上看，这些因素包括社会、技术、经济、生态、政治和价值观六个方面。五种状态和六个领域构成了战略预见分析和研究的内容。

如何进行战略预见？这是战略预见研究领域长期关注的主题。随着信息（情报）和数据收集的便利化，以及处理数据的能力和手段的科学化，不同的学科领域都在持续关注开发出战略预见的工具。

概括起来有四种战略预见的工具和方法。影响评估是类似准实验方法来进行情景模拟。结构分析是识别有关未来的关键问题。利益相关者分析是识别影响未来或受决策影响的行动主体，并分析他们之间的关系。形态分析（morphological analysis）是对整个要素可能性的总体把握，并建构情景。形态分析是其中最重要的工具和方法，被广泛运用到针对棘手问题（wicked problem）的决策分析[②]。汤姆·里奇（Tom Ritchey）指出，“如果你是在从事长期段的社会、商业和组织规划——或者影响人们生活的所有政策规划——那么你就要面对处理棘手问题”[②]。解决棘手问题采取的

① Tuomo Kuosa，The Evolution of Strategic Foresight. Farnham，England：Gower，2012：7.

② Tom Ritchey. Wicked Problems—Social Messes：Decision Support Modelling with Morphological Analysis. Berlin，Heidelberg：Springer-Verlag，2011：1.

方法就是一般形态分析。

形态分析在许多学科和领域中都得到广泛运用，如生物学、语言学、地质学、天体物理学、社会学等。morphological 的意思是形状（shape）的、构造（form）的。形态是指一个物体各个部分之间的结构和安排。首先使用 morphology 一词的是德国诗人、剧作家和思想家歌德（J. W. von Goethe）①。歌德用形态一词表示有机体的构成与转变，关注的是形式与质，而并非功能与量。对形态分析工具和方法进行更为科学的探索的是瑞士天体物理学家和航空航天学家弗瑞茨·兹维基（Fritz Zwicky），他在美国加州理工学院发表了对形态分析研究的系列文章，推动了该领域科学化程度的提升，并促进了向其他领域的传播。其后，在许多领域都运用形态分析。

1973 年，霍斯特·里特尔（Horst Rittel）和梅尔文·韦伯（Melvin Webber）在《一般规划理论的困境》一文里对棘手问题和平淡问题（tame problem）进行了区分。他们认为社会规划问题的整个社会现实就是传统的线性分析方法无法成功地应对此类问题，他们认为用“棘手问题”这个词来描述这类社会问题的决策。后来的研究更加细化了两类决策问题类型的特征。

通常来说，平淡问题的特征有：有相对稳定和明确的问题陈述；众所周知，当答案出现时，问题有明确的终点；答案能进行客观评估对或错；用相类似的方法解决类似类型的问题；可以用试错法进行实验。与此相对应的是棘手问题，其特征有：难以清晰地定义，相对含混；与道德、经济、政治、社会等领域高度相关，主观性强；对问题本身及解决方案都缺乏共识；与变动的环境形成互动，问题处于不稳定状态，答案更加不确定②。更进一步地说，问题的定义是多维度的，取决于主观判断；问题没有明确终止边界；解决问题的方法没有对错，只有更好或更坏之分；对答案没有当下或长期的检验标准；解决问题的潜在方案无法列举全；几乎每一个棘手问题都有着特殊

① Tom Ritchey. Wicked Problems—Social Messes：Decision Support Modelling with Morphological Analysis. Berlin，Heidelberg：Springer-Verlag，2011：9.

② Tom Ritchey. Wicked Problems—Social Messes：Decision Support Modelling with Morphological Analysis. Berlin，Heidelberg：Springer-Verlag，2011：19-20.

性；每一个问题都可以看作是其他问题的前期症状；导致问题形成的原因是多重的。对于棘手问题的解决方法运用的是形态分析。

形态分析首先是从环境-战略空间框架出发。环境分为两类：背景（contextual）环境和相互作用（transactional）的环境。背景环境是指能够对组织和系统产生影响，但组织和系统不能改变的因素，如技术变革。相互作用的环境是指能够与组织和系统形成相互交换而且相互影响的因素。战略空间是组织和系统能够集成所有可控因素并形成应对背景因素的战略。环境-战略空间框架（图 2-3）是形态分析环境模型①。形态分析包括两个及以上维度或要素（充当变量），内含一系列状态或价值，构成了分析参数。不同参数之间的状态或价值建立起关联。关联有三种：因果关系、统计关系和逻辑关系。每一个维度都可以用表格进行描述。形态分析是战略预见的定性方法的代表。

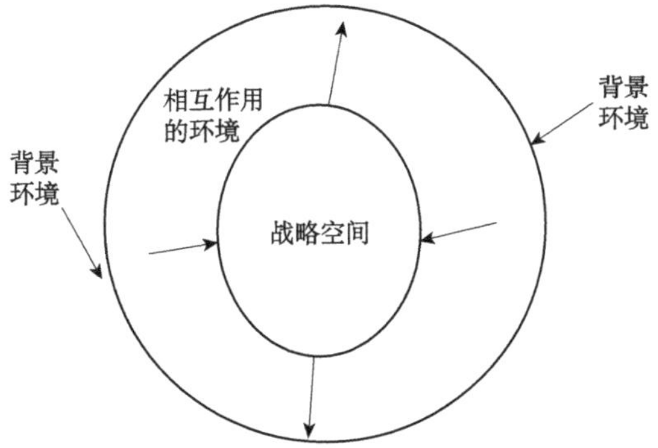

图 2-3　环境与战略空间框架

社会稳定风险评估的对象是带有复杂利益调节的公共决策，属于典型的战略性决策，而非机会决策。战略性决策回应的是棘手问题，反映利益相关者的多重博弈的特性，因此需要对决策进行趋势和未来的研究。战略预见是对影响评估的进一步发展，更加强调决策的主观性和选择性，更加重视决策者的积极作为对决策后果所产生的影响。

① Tom Ritchey. Wicked Problems—Social Messes：Decision Support Modelling with Morphological Analysis. Berlin，Heidelberg：Springer-Verlag，2011：32.

第五节　风险管理

社会稳定是社会脆弱性（social vulnerability）的直接体现。社会脆弱性来源于社会不公平，“嵌入在复杂社会关系和社会过程中”，最好看作是需要社会解决的社会问题[①]。在中国的语境下，社会稳定与社会秩序是联系在一起的。社会稳定风险的实质是社会秩序受到挑战，表现为社会群体性事件、社会骚乱、集体上访、恶性社会事件等。社会稳定风险评估拓展了社会影响评估的范畴，关注的是风险问题，由此而纳入到风险评估与管理范畴。社会稳定风险评估关注的是风险的评估、预测与防范等。

既然是风险评估，那么首先需要在学术意义上厘清风险的含义。风险具有两个层次的意义：不利结果的严重程度和发生的概率。在系统论意义上，影响风险出现的因素有输入、输出、状态的变化、决策的变化、外部的变化、不确定性的变化，以及随机变化[②]。又可以表达为：$R=\{s_i,l_i,x_i\}$。R（risk）的含义是风险，s（risk scenario）的含义是风险情景，l（likelihood）的含义是可能性，x 的含义是破坏性的结果。进而言之，风险是破坏性结果发生的概率，来源于对未来变化的不确定性（uncertainty），是系统脆弱性状态的一种表达。

在风险评估的框架里，核心概念是不确定性。它包括了四个方面的内容：对结果预判的知识方面不足；对风险无法进行定量描述或风险评估的结果不可靠；潜在因素对活动结果的影响上缺乏理解；对结果的空间状态缺乏明确的定义[③]。简单地说，它分为两种类型：偶然或意外事件的不确定性（随机变量），即偶然的不确定性；由于知识不足导致认识论层次的不确定性，即认识上的不确定性。在实践中，社会稳定的风险既有偶然的

① Brenda D. Phillips，Deborah S. K. Thomas，Alice Fothergill，et al. Social Vulnerability to Disasters. London，New York：Routledge：Taylor & Francis Group，2010：4.

② Yacov Y. Haimes. On the complex definition of risk：A system-based approach. Risk Analysis，2009，29（12）：1647-1654.

③ Terje Aven. On different types of uncertainties in the context of the precautionary principle. Risk Analysis，2011，31（10）：1515-1525.

不确定性，突发事件的影响；又有决策者知识不足，对社会利益关系认识不足，对人群的集体行动能力和能量认识不足。

风险识别方法是风险预测的关键要素。其主要方法有以下几种。

一、类型识别模式

风险分类是按照类别（class）、要素（element）、属性（attribute）三个层次来进行风险划分的。在风险评估过程中，风险类型识别模式（a taxonomy-based model）一直是基本的分类方法，逐步利用软件工程等信息技术来进行标准化分类。在社会稳定风险评估过程中，针对不同类型的风险采取相应的风险防范显得非常重要。

二、分级全息建模

分级全息建模（hierarchical holographic modeling，HHM）是建立在系统和整体哲学基础上，全面、丰富、多角度、多维度地展示系统特征[①]。分级来自组织的本质是按层级设计的，因而由层级机制推动风险管理框架的运行。全息借用的是摄影技术词义，意思是全息摄影，展现系统风险的多视角图像[②]。分级全息建模是在情景模拟基础上，力图通过类似摄影技术方法，全方位揭示风险源、风险类型及风险演化。其核心分析概念是分解（decomposition）方法，把多目标系统划分为各类子系统，按照风险来源进行定位和识别。

运用分级全息建模分析大型工程项目的社会稳定风险，包括了生命周期、项目管理、技术、硬件、软件等分系统。分系统可能引发的社会稳定风险源是不同的，如生命周期分系统内社会稳定风险源，见

① Yacov Y. Haimes. Risk Modeling，Assessment，and Management. 3rd ed. Hobokon：John Wiley&Sons，Inc.，2009：97.

② 马丽仪，邱菀华，杨亚琴. 大型复杂项目风险建模与熵决策. 北京航空航天大学学报，2010，36（2）：185.

表 2-1。

表 2-1 大型工程项目社会稳定风险评估的分级全息建模分析

生命周期	风险类别	风险控制点
规划阶段	投诉信访风险	大型工程规划、技术指标合法性
	征地与动拆迁风险	征地或拆迁公司是否合法，补偿政策是否公平、公正、透明，特殊人群是否体现了公平
施工阶段	环境问题的风险	大气、噪声、扬尘
	对公用事业的影响	出行、煤气、电、水的影响
	现场管理安全风险	社会治安、交通安全、近距离的居民建筑物安全
运营阶段	潜在影响显现化	生活的影响和环境的影响

运用分级全息建模分析重大政策的社会稳定风险评估，关键是能识别出风险源，在此基础上进行系统扫描。重大政策的风险源主要来自政策文本的变化可能带来的社会稳定风险。政策文本的变化集中在三个方面：时间（temporal）、空间（spatial）、个体的异质性（individual heterogeneous）[①]。个体的异质性也就是社会人群。

重大政策的整体风险取决于两个因素：每个风险点的风险值大小、扩散机制的强弱。如果单个风险点的风险值比较小，但扩散机制强，整体风险也比较大；如果单个风险点的风险值比较大，但扩散机制弱，整体风险也可控。扩散机制是指利益相关群体或不相关的群体，在网络、负面信息、谣言等作用下，利用人群的负面情绪来扩大社会风险。重大政策的风险点识别的标准是不同人群因政策缝隙而导致的利益获得或受损程度。因时间、空间、人群上的不一致，调查出人群的数量和利益关注点。

公共政策的生命周期简单地说可分为决策、执行与评估（表 2-2）。依据上述两个维度，构建出识别重大政策风险源的工具。

① Yacov Y. Haimes. Risk Modeling，Assessment，and Management. 3rd ed. Hoboken：John Wiley&Sons，Inc.，2009：266.

表 2-2　基于分级全息建模的政策风险识别

生命周期	时间	空间	人群
决策	风险 A1	风险 A2	风险 A3
执行	风险 B1	风险 B2	风险 B3
评估	风险 C1	风险 C2	风险 C3
整体风险	整体风险=（风险 ABC，扩散机制）		

三、不可运作的输入-输出模型

不可运作的输入-输出模型（inoperability input-output model，IIM）来自经济学的投入-产出（input-output model）模型，由 1973 年诺贝尔经济学奖获得者华西里·列昂惕夫（Wassily Leontief）在 20 世纪 50 年代提出，为研究社会生产各部门之间的相互依赖关系，特别是系统地分析经济内部各产业之间错综复杂的交易提供了一种实用的经济分析方法[①]。它被广泛地用来分析一个相关关联的经济系统中各个要素之间的相互依赖的关系，因而许多国家和地区的经济决策过程中都大量使用投入-产出模型来进行经济预测与规划。它还被用来分析突发事件，如灾害天气、地震、环境影响分析、能源消费等对经济系统造成的影响。

2001 年，海姆斯（Haimes）和江（Jiang）在此基础上提出了不可运作的输入-输出模型，将不可运作的输入-输出模型引入到风险建模、评估和管理[②]不可运作的定义是“系统没有能力完成其既定的功能”[③]。它意味着在系统层次上出现了去功能，其原因既可能来自内部的失灵又可能来自外部的干扰。

在社会稳定风险评估方面，不可运作的输入-输出模型提供了三个分析点：后果的连锁反应（the ripple effects）、影响的场域（fields of influences）、敏感性空间分析（local sensitivity analysis）。后果的连锁反应意味着在对重大事项进行社会稳定风险评估时，需要在系统思维指导下，关注

① W. W. Leontief. Input-output economics.Scientific American，1951，15-21.

② Y. Y. Haimes，P. Jiang，Leontief-based model of risk in complex interconnected infrastructures. Journal of Infrastructure System，2001，7：1-12.

③ Joost R. Santos. Inoperability input-output modeling of disruptions to interdependent economic systems. Systems Engineering，2006，9（1）：20-34.

重大决策可能造成的系统性连续反应。影响的场域意指社会不稳定有着相对明确的时间、空间和特定的人群范围。敏感性空间强调了地点的重要性，尤其是群体性事件基本上都发生在敏感性地点，如交通要道、各类国家机构所在地、领事馆等。

简要地说，社会稳定风险评估旨在对决策后果进行预评估，实现社会利益冲突的源头防治，缓解社会矛盾和冲突，从而推动管控型维稳向民主、活力、有序的社会秩序建设转变。从学理上需要回答并解释社会稳定风险评估到底是什么，有哪些知识基础，以及学术观点发展脉络的图景。从国家与社会、决策与评估、抗争与参与、战略预见、风险管理五个不同层次展现出社会稳定风险评估在不同学科和不同知识脉络中的地位（图 2-4）。

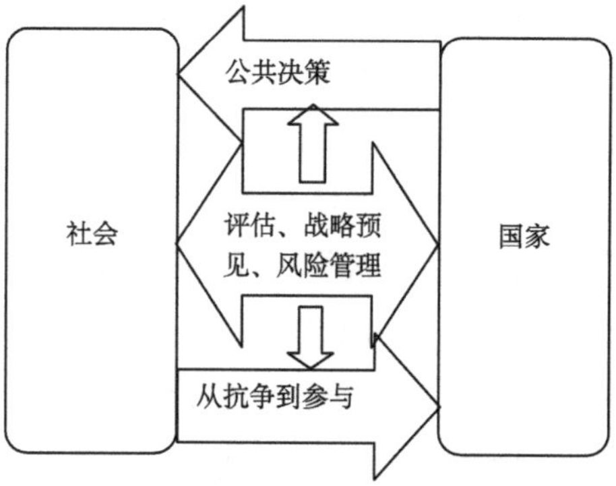

图 2-4　社会稳定风险评估的学理基础

本 章 小 结

基于图 2-4 进一步提炼社会稳定风险评估的学理基础。社会稳定风险评估处于国家与社会互动的通道上，是对公共决策过程进行影响预评估，目的是把社会抗争转化为公众参与，运用了战略预见的思想和工具，其实质是一种风险预测、评估与化解的制度安排。

第三章

制度安排的成长与绩效

社会稳定风险评估作为一项具有创新性的制度安排出现在当代中国发展与转型双重背景下，有着现实的强烈需求。这是制度安排的社会演化机制。

社会稳定风险评估制度安排首先是 2005 年左右出现在四川省遂宁市，随后在江苏省淮安市、上海市等地呈现出创新扩散，上升到中央和国家层面后，又在全国各地强力推行。制度安排成长的轨迹符合中国地方政府创新的理论解释框架。从行政层级安排上看，出现在西部、城镇化快速推进过程中的地级市具有相对完整的发展自主权和政策实验的动机。在行政层级权力链条里，距离权力中心越近，创新动力越弱。地方政府为解决治理困境而进行的制度安排创新，在不同地方进行扩散、模仿和改造，然后得到上层认可，并随之转变为中央的决策，再推行下去。社会稳定风险评估制度安排的成长与诱因、成长方式，以及地区的差异性与运行机制方面提供的素材为建构中国情景下的制度变迁提供了新解释。通过理论研究，本书还将进一步剖析社会稳定风险评估制度安排面临的问题以及应对的措施。

第一节　成长历程

社会稳定风险评估始于 2005 年的四川省遂宁市。2006 年 6 月 6 日，

《人民日报》发表《从“保稳定”到“创稳定”：四川遂宁推行社会稳定风险评估》报道，这是最早的一篇对社会稳定风险评估进行的公开报道。2005 年遂宁市制定了《重大工程项目稳定风险预测评估制度》，推行重点建设工程项目的社会稳定风险评估，开始试验新的维护社会稳定方式。2006 年制定了《重大事项社会稳定风险评估化解制度》，明确了评估对象和评估的五步骤法，提出了源头治理的思想[①]。

正是由于《人民日报》的报道和中央维护社会稳定办公室及时总结经验，江苏省淮安市接着进行更为全面的试点[②]。2006 年 11 月 23 日，淮安市印发《淮安市重大事项社会稳定风险预测评估化解制度（试行）》《淮安市施行重大事项社会稳定风险预测评估化解制度考评办法》。与四川省遂宁市相比，淮安市对社会稳定风险评估的主要内容（合法性、合理性、可行性、安全性）规定更为详细，还规定“在重大事项组织实施过程中，主管或实施部门要设立涉稳信息直报点和维稳信息直报员”，把社会稳定风险评估与维稳体系联结起来。为了强化制度的执行力，同时推出《考评办法》，按照百分制对县（区）、市直部门专项社会稳定风险评估工作进行年度考核和评比。2007 年，淮安市开始推进社会稳定风险评估，并要求每个县（区）均要完成两个重大事项的风险评估。

2008 年，江苏省在淮安经验总结的基础上，出台了《江苏省维护社会稳定工作领导小组关于积极开展社会稳定风险评估工作的意见》，共计 21 条，从重要性和必要性、指导思想和基本原则、主要领域、责任主体、相关程序及组织领导等六个方面作出部署[③]。随后，江苏省在各个地级市全面推行社会稳定风险评估。

2009 年，上海市出台了《关于建立重大事项社会稳定风险分析和评估机制的意见（试行）》[④]，从指导思想、主要领域、职责分工、基本程序、具体要求五个方面提出了具体的要求。随后又出台了《上海市重大决策社

① 刘裕国. 从“保稳定”到“创稳定”：四川遂宁推行社会稳定风险评估. 人民日报，2006-06-06（第 10 版）.

② 在与淮安维护社会稳定部门领导座谈会中，提到淮安市推进社会稳定风险评估是由时任市委书记看到内部报道后，批示给维稳办公室，要求试验新的维稳模式。

③ 中共江苏省委办公厅文件，苏办发〔2008〕3 号.

④ 中共上海市办公厅文件，沪委办发〔2009〕16 号.

会稳定风险分析和评估实施办法（试行）》《上海市重点建设项目社会稳定风险分析和评估试点办法》两个操作性文件。上海市形成了比较完备的制度规定，呈现出“品”字形制度框架。

地方的试点和经验的扩散，得到了中央层面的肯定和重视。2010 年，国务院《关于加强法治政府建设的意见》中明确提出：完善行政决策风险评估机制。2011 年，国务院颁布的《国有土地房屋征收与补偿条例》规定“市县人民政府作出房屋征收决定前，应当按照有关规定进行社会稳定风险评估”。它是对社会稳定风险评估作出明确的制度安排的规定。2011 年颁布的《国民经济和社会发展第十二个五年规划纲要》中明确提出“建立重大工程项目建设和重大政策制定的社会稳定风险评估机制”“完善重大事项决策机制，建立健全公众参与、专家咨询、风险评估、合法性审查和集体讨论决定的决策程序”。

2012 年 1 月，中央办公厅下发了中办发〔2012〕2 号文件《关于建立健全重大决策社会稳定风险评估机制的指导意见（试行）》，对党政机关重大决策事项提出了强化社会稳定风险评估的要求。对于重大工程项目建设，提出需要进行社会稳定风险评估，要求纳入到工程项目可行性研究内容。从指导思想和基本要求、评估范围和内容、评估主体和程序、评估结果运用和决策实施跟踪、责任追究、组织领导六个方面作出 12 条规定。它成为目前最具权威性的文件。

2012 年 8 月 16 日，国家发展和改革委员会发布《重大固定资产投资项目社会稳定风险评估暂行办法》（发改投资〔2012〕2492 号）（简称《暂行办法》）①。《暂行办法》要求“国家发展和改革委员会审批、核准或者核报国务院审批、核准的固定资产投资项目都要进行社会稳定风险评估，作为项目可行性研究报告、项目申请报告的重要内容并设独立篇章”。社会稳定风险评估作为一项制度安排嵌入到行政权力运行程序内，并成为刚性门槛。《暂行办法》还特别强调了责任追究。

2012 年 11 月，党的十八大报告明确提出了“建立健全重大决策的社会稳定风险评估机制”。2013 年 11 月，党的十八届三中全会提出“健全

① 国家发展和改革委员会，发改投资〔2012〕2492 号.

重大决策的社会稳定风险评估机制”。

社会稳定风险评估作为一项制度安排日益受到重视。2014 年 2 月 28 日，习近平总书记主持召开中央全面深化改革领导小组第二次会议并发表重要讲话。习近平指出，对重大改革尤其是涉及人民群众切身利益的改革决策，要建立社会稳定评估机制。遇到关系复杂、牵涉面广、矛盾突出的改革，要及时深入了解群众实际生活情况怎么样，群众诉求是什么，改革能给群众带来的利益有多少，从人民利益出发谋划思路、制定举措、推进落实。

2014 年 10 月 23 日，党的十八届四中全会通过的《中共中央关于全面推进依法治国若干重大问题的决定》，提出了“健全依法决策机制”“把公众参与、专家论证、风险评估、合法性审查、集体讨论决定确定为重大行政决策法定程序”。风险评估，特别是社会稳定风险评估成为重大行政决策必经的法定程序。

在短短的几年里，社会稳定风险评估的对象从建设工程项目到重大决策，再发展到重大改革。这就形成了相对完整的社会稳定风险评估框架：重大改革、重大决策和大型工程项目。由此可见它的重要性日益彰显。同时从党政机关内部决策自我约束到重大行政决策的必经法定程序，制度的约束力和刚性逐步强化，体现出制度安排具有一定的有效性。

社会稳定风险评估制度安排的成长历程丰富并发展了在中国情景下制度变迁理论，其要点有以下三方面。

第一，制度变迁的轨迹是地方试点—经验扩散—中央认可—自上而下全面推行。制度安排的生命力并不在于文本设计是否完美，而在于能否适应中国情景以及应对棘手的社会问题。尽管在四川遂宁的试点中，社会稳定风险评估（当时称之为“稳定风险预测”或“社会稳定风险评估化解”）显得比较粗糙，但是却代表着一种有生命力的制度安排的出现，这是典型的制度变迁关键点。同样，制度变迁遵循着双重逻辑：适宜逻辑（logic of appropriateness）和工具理性逻辑（logic of instrumental reason）。适宜逻辑解释社会规范、价值和意识形态等对个体行为选择的影响。工具理性逻辑解释个体行为选择是理性计算而行动的，遵循利益最大化的原则。适宜逻辑体现在社会稳定风险评估表达出党的执政为民的理念，因此能够得到上层的认同。工具理性逻辑体现在社会稳定风险评估是为了解决日益严重的社会稳定问题，破解维稳的困局——从保稳定到创稳定。

第二，社会稳定风险评估制度安排出现在维稳系统、维权系统和地方决策系统三者均衡状态被打破的关键点上，力图通过新的制度安排来达到均衡，重在改变以指标化和属地化为特征的维稳机制陷入到越维越不稳的困局。维权系统缺少实质性和制度化的保障，无序、低度暴力化的集体行动和公民权被侵犯往往紧密相连。维稳与维权两个系统的失衡其根本原因在于地方决策系统的单一、封闭和领导偏好（个体或集体）为主，导致决策系的输出——政策或建设工程项目引发民众的抗议。社会稳定风险评估以地方决策系统变革为起点，把维稳与维权两个系统联结起来，改变两个系统之间的张力。因此，对社会稳定风险评估的研究必须以决策过程转变为起点，不能简单地理解为社会管理制度的创新，而应当纳入到决策程序转变和法治政府建设的框架内。

第三，社会稳定风险评估制度安排对决策具有实质性约束作用，需要纳入决策程序的刚性约束范畴内。从制度变迁的路径来看，国家发展和改革委员会推行在固定资产投资项目审批、核准或核报中将社会稳定风险评估作为可行性报告的一个部分或单独篇章，作为审批、核准或核报的依据。这是典型的强制性制度变迁路径。

第二节　文本比较

对社会稳定风险评估的典型试点地区比较，上海的制度化和规范化程序最高。上海不仅制定了相对完备的制度安排框架（“品”字形结构），而且还制定了更为详细的操作办法。从实践效果来看，上海的制度安排已取得比较明显的效果，已纳入到行政决策程序范畴。

上海是在2009年初步完成了制度的制定，中央是在2012年发布《关于建立健全重大决策社会稳定风险评估机制的指导意见（试行）》（其中重大工程项目已由国家发展和改革委员会制定发布）。根据中央文件起草背景的说明，中央文件是在对全国各地的经验总结基础上而制定的，这些经验当然包括上海在内。但是上海根据自身的特殊情况，为适应特大城市的社会稳定风险评估的要求而制定了相对完善和科学的制度。比较的目的在于促进社会稳定风险评估制度的进一步完善。

从文本解读的角度对《上海市重大决策社会风险分析与评估实施办法》与中央的《关于建立健全重大决策社会稳定风险评估机制的指导意见（试行）》进行比较。通过比较来发现两者的差异以及下一步如何完善重大决策社会稳定风险评估的制度设计。

从评估对象角度看，上海市除了环境影响类决策没有涉及外，基本上涵盖了中央文件规定的内容，而且还能够根据上海实际情况作出更详细的规定。这些情况说明环境影响或环境风险还没有引起上海的足够重视（表3-1）。

表3-1　评估对象的比较

评估对象类别	上海市实施办法	中央指导意见
土地资源相关	住房保障政策、征地动拆迁、房地产市场和物业服务管理等政策调整	征地拆迁
农村	涉及农村土地经营权转让及农民土地征用、补偿和人员安置等方面重大政策和改革措施	农民负担
国有企业	国有企业改革和动拆迁	国有企业改制
社会保障	社会保险、就业政策；社会救助标准重大调整	社会保障
公益事业	公用事业及教育、医疗等商品、服务和收费标准重大调整	公益事业
环境影响	没有涉及	环境影响
其他类	其他与人民群众利益密切相关的重大决策	其他对社会稳定有较大影响的重大决策

2013年上海市人民政府印发《关于2013年至2017年本市进一步推进法治政府建设的意见》的通知[①]。在法治政府建设的意见中，提出“落实重大行政决策风险评估制度。细化包含社会稳定、生态环境、经济、安

① 上海市人民政府，沪府发〔2013〕79号.

全等方面的风险评估规则和标准，完善部门论证、专家咨询、公众参与、专业机构测评相结合的风险评估机制，采用舆情跟踪、抽样调查、重点走访、会商分析等方式，对重大行政决策可能引发的各种风险进行科学预测、综合研判，并把风险评估结果作为决策的重要依据”。把生态环境风险与社会稳定风险并列在一起，但是还没有关注到前者可能向后者的转化。

从表 3-2 的比较来看，上海市实施办法与中央文件相比，没有中央文件规定得详细。在合法性指标上，中央文件增加了“决策权”；在合理性指标上，中央文件突出了对拟采取措施的评估和决策涉及的利益相关者数量，以及“措施的合理公平及时”方面的评估；在可行性指标上，中央文件增加对“相关配套措施”的评估，但上海市文件突出了对政策连续性和稳定性方面的评估；在可控性指标上，中央文件增加了对负面舆论方面的评估以及强调了宣传解释和舆论引导。显然中央文件比上海市制定得更为全面和科学，特别是在对网络舆情重视程度上。

表 3-2　评估的内容

评估内容	上海市实施办法	中央指导意见
合法性	决策内容，决策程序	决策权；决策内容和程序
合理性	兼顾各方利益，横向比较，群体攀比	群众方面；拟采取措施和手段；对象和范围界定，措施合理、公平、及时
可行性	群众意愿，保障条件，政策的连续性和稳定性	本地情况，保障条件，相关配套措施，时机和条件；群众的接受程度和支持程度
可控性（安全性）	群体性事件的隐患，应急预案	安全隐患，群体性事件，负面舆论，恶意炒作；风险可控、防范和化解；应急预案，宣传解释和舆论引导

从两者的比较看，上海市实施办法考虑到了评估事项在决策过程中处于不同的政策议程阶段，而规定了三种形式，从而有可能与政府信息公开相关规定相衔接，中央文件则强调了征求意见的具体形式，特别是在征求意见过程中强调了“讲清决策的法律和政策依据、决策方案、决策可能产生的影响”，征求意见是信息告知、寻求民意表达的过程。上海市实施办法并没有对此作出规定和要求。在全面分析与论证阶段，上海市实施办法提出了定量与定性两类分析方法，中央文件则提出七个方面的具体分析过

程，形成了比较完整的社会稳定风险识别与判断方法。评估报告形式要件方面，上海市实施办法提出了六个方面，中央文件提出了七个方面，特别突出了对各方意见采纳情况以及风险防范和化解措施方面。值得关注的是，两者都没有规定对各方意见不采纳情况的说明，这条规定的缺失有可能导致公众参与的形式化（表 3-3）。

表 3-3　评估程序

评估流程	上海市实施办法	中央指导意见
听取意见	公开、部分公开、不公开三种形式	公示、问卷调查、实地走访、座谈会、听证会；表达真实意见
全面分析论证	尽可能通过设定参考指标体系，进行定量分析和定性分析	查找社会稳定风险点，研判风险概率、矛盾纠纷的激烈程度、持续时间、涉及人员数量、可能的负面影响，以及风险的可控程度
确定风险等级	A、B、C	高、中、低
提出评估报告	六个方面的内容：评估主体、收集意见、风险分析和评估采用的形式、风险因素分析、风险等级判定、应急预案	七个方面的内容：评估事项、评估过程、各方意见及其采纳情况、决策可能引发的社会稳定风险、风险评估结论和对策建议、风险防范和化解措施、应急处置预案

上海市实行的报送和备案制度，中央指导意见要求的是“重要依据”，两者相比中央的规定更为严格和嵌入决策程序。在风险等级上都分为三类，两者之间无差异。在风险应对与控制上，中央指导意见明确了高风险情况下的“不实施或调整”，而上海市强调类型差异，且仅“建议不实施”，没有建立起相应的否决点，影响到实施办法执行的力度。上海市实施办法体现了应急管理的思路，而中央指导意见强调了“采取措施后”实施或评估以及群众工作，体现了源头治理和风险管理的思路。在决策跟踪制度设计上，中央指导意见贯彻“谁决策，谁负责”的原则，而上海市区分了承办部门和决策部门之间的责任分工。显然，中央的指导意见要求对社会稳定风险评估的执行更为严厉（表 3-4）。

在责任追究方面，中央的指导意见规定更为严厉，问责标准更为清晰，特别是与现行的规定结合在一起，便于操作并强化问责标准（表 3-5）。

表 3-4　评估结果运用和决策实施跟踪比较

评估结果	上海市实施办法	中央指导意见
作用	承办部门报送决策组织和机构，分级备案	决策过程中的重要依据
风险等级	A 级：市维稳办备案 B 级：同级维稳部门备案 C 级：留存承办评价部门	高风险 中风险 低风险
风险应对与控制	A 级：市维稳办负责，执行决策型，做好应急预案；自主决策型，承办部门研判，向决策部门建议 B 级：市、区、县维稳部门协调 C 级：承办部门负责	高风险：不实施或者调整 中风险：采取措施后实施 低风险：可以实施，但要做群众工作
跟踪	承办部门动态调整；向决策机构建议；维稳、信访部门动态检查和评价	决策机关跟踪；有关部门也要跟踪；决策实施引发影响社会稳定重大问题的，暂停实施；需要调整及时调整

表 3-5　责任追究

责任追究	上海市实施办法	中央指导意见
评估责任追究	责任倒查，问题说明	没有执行的；隐瞒真实情况或弄虚作假；党政干部问责，按现行规定执行
决策责任追究	未进行评估，未按程序，未落实预案，未严格审查	不按决策程序；执行中不调整的；党政干部问责，按现行的规定执行

通过对两个文本的比较，从制度变迁的角度看，有以下三个要点。

第一，各地经验的汇集成为更高层级制度安排的来源。更高层级的制度安排往往突破地方对制度安排的部门化的倾向，能够更大程度上去发挥制度安排的效应，但同时可能难以有效嵌入到复杂的制度运行程序中。中央文件发布以后，江苏和上海都难以在短时期内制定更加有效的执行文件。

第二，目前中央和各地对社会稳定风险评估制度安排的规定都停留在内部或带有一定密级层次上，削弱了制度安排的更大效益发挥。尽管政府法制部门力图在重大行政决策程序上设置风险评估环节，提出“公众参与、专家论证、风险评估、合法性审查、集体讨论决定”五个步骤，但是在实质性的公众参与和风险评估，特别是社会稳定风险评估两个环节上还没有可操作性的办法出台。许多地方的法制部门普遍强调这两点难以细化，反映了我国地方公共决策过程转型的艰难。

第三，中国情景下的制度变迁所形成的路径依赖的鲜明特征是更高层级的认可和推广，层级越高，制度安排的合法性越强，并非通过制度功能有效性的增强来强化制度合法性。

第三节　绩 效 评 估

评价制度安排的绩效首要的任务是确立评价的标准。对社会稳定风险评估制度安排的评价标准确立的原则是当下的效果和潜在的长远的效果。当下直接的效果为是否缓解社会矛盾和冲突，以及是否减少群体性事件等，这就是以解决问题为导向的有效性原则。潜在的长远的效果就是在决策评估过程中推进公众参与，推进公共决策的民主化，从而建设协商民主体系，这就是民主性原则。有效性和民主性原则是评价社会稳定风险评估制度安排的基本原则。

一、社会稳定风险评估制度安排的有效性

由于各地试点和推进社会稳定风险评估制度安排的时间、力度和推进方式的差异，制度安排的绩效难以作全面的衡量，只能选取一些地区和一些可见的指标进行比较。

目前各地在评估社会稳定风险评估制度安排时，大多数都以四个指标来评估：发现问题予以解决后实施、暂缓实施、否决事项、化解矛盾件数等（表 3-6）。

对社会稳定风险评估的直接评价标准是降低群体性事件的数量。从目前各地试点的效果来看，这个指标难以统计，主要以案例形式展现出来。对 2009～2013 年试点地区的报道进行初步统计，典型的案例统计如表 3-7

所示。

表 3-6　决策事项统计

地区	统计或报道的时间	时间段	评估的决策事项/个	发现问题予以解决后实施/个	暂缓实施的决策/个	否决决策事项的数量/个	化解社会矛盾/件
全国	2013 年 4 月	2011～2013 年	51 000	3 000	—	900	—
四川遂宁	2010 年 10 月	2006～2010 年	384	292	68	24	—
四川	2010 年 7 月	2007～2010 年	6 882	—	—	—	10 555
江苏泰州	2012 年 12 月	2010～2012 年	544	—	—	—	1 200
江苏苏州	2011 年 5 月	2010～2011 年 5 月	92	—	3	1	122
浙江	2010 年 12 月	2010 年 1 月～2010 年 12 月	2 767	—	158	28	—
浙江湖州	2011 年 12 月	2008～2011 年	567	—	28	2	—
江苏淮安	2012 年 12 月	2012 年 1～12 月	1 228	—	25	5	5 037
江苏南京	2012 年 12 月	2011～2012 年	1 069	—	411	—	3 019

资料来源：网络报道和调研。
注：—表示没有统计数据。

表 3-7　试点地区典型案例

地区	时间	典型案例	成效
江苏南京	2012 年	垃圾焚烧场建设	民意评估让百姓信服
贵州铜仁	2012 年	新的大型客运车站，6 万多人参与	民情快车系统，群众满意
黑龙江大庆	2010 年	南砖厂棚户区改造	720 多户动迁户无一户上访，无一户强拆
上海徐汇	2012 年	上海西岸音乐节	安全顺利举办
江苏无锡	2009 年	关于义务教育学校实施绩效工资	政策顺利推进
江苏淮安	2010 年	“雨润”拆迁项目	从源头排查化解项目实施拆迁可能引发的 68 件矛盾，在 30 天内全部成功签约
上海浦东新区	2011 年	两区合并调整完善被征地人员，落实社会保障政策	被征地农民对实施征地新政策普遍欢迎，老征地人员总体反响平稳

资料来源：作者调查和网络媒体报道。

对社会稳定风险评估制度安排的有效性评估还需要关注到功能失灵，没有有效地解决社会稳定问题。其原因是多方面的，如评估后没有采用或评估方法和手段的不科学等。但这些都可以归结为制度安排的顶层设计。

2012 年，四川什邡钼铜项目、江苏启东排海工程，以及浙江宁波镇海 PX 项目重大建设项目都引发了环境群体性事件。据新华社记者的调查，其中启东和宁波等地都进行过社会稳定风险评估①，而四川省则是国内第一个以政府规章形式确立制度安排的。之后环境保护部门决定在环境影响评价中加入社会稳定风险评估，不再依赖维稳部门牵头的社会稳定风险评估。四川德阳市环境保护局于 2012 年 10 月拟定《建设项目社会稳定环境风险评估暂行办法》，在建设项目环评时增加社会稳定风险评估程序。同年 11 月 8 日，江苏省环境保护厅网站显示，江苏省环境保护厅发出《关于切实加强建设项目环保公众参与的意见》，细化了公众参与环评调查、环评听证制度、环评公告公示等六类公众参与制度，其中在环评制度环节新增了社会稳定风险评估的内容。

二、社会稳定风险评估制度安排的民主性

社会稳定风险评估的对象是民众的维权、利益、需求和偏好等。民众参与程度的高低是制度安排潜在的和长远的收益表现。这也是社会稳定风险评估与环境影响评价、经济评价、节能评估、安全评估等决策类评估的主要区别。

从公民行为选择的角度看，社会稳定风险评估的实质是力图把公民从对立转变到中立或支持立场上，或者降低对抗的激烈程度。一方面，是在评估的过程中征求民意，通过问卷调查、座谈会、访谈等多种形式来确保公民“在场”，而且还要推进利益相关方发出“声音”参与博弈；另一方面，是评估出来的风险点、风险值等通过政府、利益相关方采取积极行动来降低风险程度。当利益相关的公民不同意时，对公共决策具有否决功能。

上述是从理论上来分析的，在实践中社会稳定风险评估能否起到或发

① 事后灭火不如事前评估，通过稳评让民意进入决策. 参见：http://www.chinanews.com/gn/2013/04-26/4766440. shtml [2015-11-13].

挥民主建设的功能？下面以一个具体案例——L 小区工程第七期建设项目的社会稳定风险评估进行分析。

L 小区是商品住宅小区，从 2005 年开始开发，共分为十期开发。到 2010 年已完成了六期，2011 年进入了第七期开发。与前六期开发一样，该小区开发立项手续完备，用地规划手续完成，用地手续完备，征地补偿安置合法，拆迁补偿安置手续完备，拆迁补偿安置程序合法。上述几个方面都有不同层级政府或相关行政机构的书面文件、通知、决定。简要地说，L 小区第七期建设项目审批手续完备，征地拆迁补偿安置程序合法。显然，不同层级政府或相关行政机构在审批过程中都缺少社会稳定风险评估的实体和程序上的要求。对于社会矛盾焦点的征地拆迁方面的决策，如果只停留在目前的合法性审批上的话，那么由于缺少利益相关群体的参与将可能导致社会不稳定。

2009 年 7 月启动第七期拆迁工作，进展比较顺利；到了 10 月，共有 136 户签约，安置结算工作陆续开展，部分拆迁户已开始搬迁。2009 年 11 月开始部分村民以拆迁补充标准偏低、安置地点过远等为由，向街道、区政府和区、市等相关部门信访。其中有 85 户拆迁户准备提起法律诉讼。村民与施工方发生多起群体性冲突事件，从而使整个拆迁工作处于停滞状态。2010 年至 2011 年 3 月，仅签约了 26 户。

鉴于该建设项目已经引起了社会不稳定，当地政府 2011 年 5 月启动社会稳定风险评估。主要是开展对第七期和以后的几期建设项目的社会稳定风险评估。评估的组织形式有走访群众，召开座谈会、答疑会，并向被拆迁群众和周边居民进行问卷调查。对征地的 Z 村 314 户居民抽样发放了 144 份问卷。从信息公开角度看，该建设项目在“项目块征地是否办理合法手续”方面占 88.19%比例的人“不知道”，在“项目建设是否具备合法手续及资质”方面有 87.5%比例的人“不知道”。这说明了在项目决策过程中信息告知的缺乏。支持该项目建设的村民占 65.28%，但是不满意和很不满意的占 77.08%（表 3-8），反映了项目审批过程中缺乏民意表达。

表 3-8　村民关于第七期建设项目的调查问卷情况统计表（共计 144 人）

问题	选项	人数	比例/%
项目块征地是否办理合法手续	已办理	14	9.72
	未办理	0	0
	不知道	127	88.19
项目建设是否具备合法手续及资质	具备	17	11.81
	不具备	0	0
	不知道	126	87.5
项目建设是否可行	可行	87	60.42
	不可行	3	2.08
	无所谓	45	31.25
项目征地拆迁补偿标准是否满意	满意	18	12.5
	不满意	100	69.44
	很不满意	11	7.64
是否支持该项目建设	支持	94	65.28
	不支持	8	5.56
	无所谓	35	24.31
	反对	0	0

资料来源：作者调查。

314 户拆迁户中 2011 年 5 月仅有 164 户签约，但有 85 户坚决抵制拆迁。该村的党群、干群关系紧张，只要开发商动工，便立即激化矛盾，导致冲突。社会稳定风险评估专家评审的意见是 L 小区第七期项目实施建设缺乏可行性和安全性，建议该建设项目暂缓实施。该区的社会稳定风险评估领导小组同意专家评审意见。公民同意或不同意成为决策的依据。

从全国试点地区运行制度来看，实践部门也逐步把公众多种形式的参与（被动或主动）作为社会稳定风险评估成功的要件之一。依据各地的报道和调研，初步统计的结果如表 3-9 所示。

表 3-9　试点地区公众参与统计

地区	案例	公众参与
黑龙江大庆	2010 年胡路区富强村的拆迁改造	民意测验表 1450 份，召开座谈会 39 次，组织人大代表、律师及群众代表召开听证会 17 次
江苏淮安	2007 年 17 个重大事项	走访群众 1.2 万人次，召开座谈会 52 场次，发放调查表 1.8 万份，现场化解矛盾纠纷 400 余起
江苏盐城	2011～2012 年社会稳定风险评估	走访群众 1.09 万人次，召开座谈会 113 场次，发放调查表 57 000 余份，收集群众意见和建议 854 条

续表

地区	案例	公众参与
江苏无锡	2011～2012 年社会稳定风险评估	走访群众 16.9 万人次，召开座谈会 1064 场次，举行听证会 327 场次
江苏南通	2011～2012 年社会稳定风险评估	走访群众 5.6 万人次，召开座谈会 1407 场次，举行听证会 304 场次，召开专家论证会 705 场次

资料来源：作者调查与网络报道，作者自己整理。

2014 年 2 月 26 日中共中央办公厅、国务院办公厅印发《关于创新群众工作方法解决信访突出问题的意见》提出“提高科学民主决策水平”，其中之一是“健全重大决策社会稳定风险评估机制，把社会稳定风险评估作为重大决策出台的前置程序和刚性门槛”。社会稳定风险评估制度安排蕴含的民主功能逐步被决策者所认识到。民主性认识是社会稳定风险评估的另一个维度。

本章小结

有效性和民主性是制度安排成长过程中逐步开发出来的两个功能。有效性和民主性是相互关联和相互转化的。社会稳定风险评估的民主性功能越强，有效性也就越强；反之，有效性增强民主性则增强。评估的目的是推动社会稳定风险评估制度安排更好地演进。民主性维度要求社会稳定风险评估制度安排推动地方公共决策过程的转变，从封闭、单一、领导偏好为主向开放、多元、包容、协商方向转变。推动转变的初始动力就是社会稳定风险评估制度安排本身需要公开、需要纳入到国家治理体系内。当下局限于党政机关内部约束的文件严重制约了该制度安排发挥更大的作用。随着时间的推移，党政机关内部推动制度安排的动力呈现出弱化趋势，因此需要从外部寻找动力。这个动力就是推动社会稳定风险评估的公开化、法制化，以社会力量来推动制度安排的运转。

第四章

决策与风险源

针对决策的后果带来社会不稳定（群体性事件）的发生概率进行预测与分析，进而进行源头治理，这是社会稳定风险评估制度安排最鲜明的特征。决策与社会稳定风险逻辑关联来源于人类有意识的行为改变社会自然发展法则，引发出一些预料之外的后果。无论何人作出决策，都存在犯错误的可能。决策是在一定的社会结构内由行动主体作出的决定，结构与行动主体的双重因素将直接影响到决策结果难以预料。包括社会稳定在内的决策风险就是难以预料后果的表现。

依据这个逻辑关联，对作为决策行为的政策与风险关系研究的核心问题就是风险源来自哪里，风险是哪些因素造成的。对这个问题的回答是社会稳定风险评估制度安排有效运转的前提。从广泛意义上说，风险是社会经济政治转型过程中积累的负面能量的一种释放。但细化到一种具体的看得见的风险或社会矛盾却又与决策结构和过程直接相关。

本书从五个方面来展开研究：决策者的有限理性；决策结构的集体讨论与领导拍板；决策过程中的条块分割的碎片化机制；政策变迁的路径和方式；政策缝隙与风险源。其核心要点是探寻影响社会稳定风险来源的关键因素，实现源头治理的目标。

第一节　决策者的有限理性

20 世纪 50 年代，美国学者西蒙（H. A. Simon）提出了有限理性

（bounded rationality）理论来批判理性全知决策模式（the rational comprehensive model）[①]。西蒙、马奇（James A. March）、纽厄尔（Allen Newell）等依据认知科学研究成果提出“人类追求目标，但他们通常在做错误的事。这些错误并非简单，而是源自人类认知结构，此外还因为决策者面临的环境是复杂的”[②]。有限理性既非理性不及也不是非理性的，而是理性受到一定的约束，这个约束来自人类的认知结构（包括注意力、情感、习惯、记忆等）和变动的环境复杂性。西蒙用剪刀来比喻有限理性（这个词也是西蒙首次使用的），一边刀刃是认知的约束，另一边刀刃是环境的约束[③]。认知结构成分的多样性使得理性决策不能简单地按照手段-目标计算能力来进行，决策具有主观性特征（the principle of intended rationality）。环境的约束体现在决策信息的搜寻成本昂贵而且具有不完整性，对决策后果的预测以及替代性选择方案的比较都难以做到精确的算计。

有限理性对决策理论的主要贡献是根据或然性（probabilities）的计算来理解不确定性。在决策过程中，决策者的记忆、经验、注意力、情感及信息处理能力等都直接影响到对决策的判断。其中，理解决策者信息处理过程的关键是注意力的分配。“注意力具有选择性，选择环境的一个方面来研究必然不关注其他方面。”[④]注意力的配置影响到解决问题优先顺序的决策。

根据有限理性，决策后果与决策目标和价值之间不一定存在着一一对应的关系。决策者总是在特定情境下作出决策的，决策目标总是在平衡与取舍（trade-offs）中进行的，西蒙提出用满意而非效用最大化作为取舍的标准。有限理性理论对决策的优化提出质疑，认为有限理性并非在约束条

---

① 理性全知决策模式认为决策者能够识别问题，其决策的目标和价值是清晰的，并根据重要性进行排序；解决问题的替代方案是清晰的，不同方案的成本和收益、优点和缺点都是明明白白的；不同方案的结果能够进行清晰的比较。在上述基础上，决策者能够选择最大化实现目标和价值的方案。

② Bryan D. Jones，H. F. Thomas III. Bounded rationality and public policy decision-making//Eduardo Araral Jr. ，Scott Fritzen，Michael Howlett，et al. Routledge Handbook of Public Policy. London，New York：Routledge，Taylor & Francis Group，2012：273.

③ Gerd Gigerenzer，Reinhard Selten. Rethinking rationality//Gerd Gigerenzer，Reinhard Selten. Bounded Rationality：The Adaptive Toolbox. Cambridge：MIT Press，2001：4.

④ Bryan D. Jones，H. F. Thomas III. Bounded rationality and public policy decision-making//Eduardo Araral Jr.，Scott Fritzen，Michael Howlett，et al. Routledge Handbook of Public Policy. London，New York：Routledge，Taylor & Francis Group，2012：280.

件的优化过程，而是在信息、注意力、记忆等约束下，理性对决策判断的作用有限。有限理性给我们揭示了决策过程有着难以预料到的后果，有的后果是意外的收获，但有的后果是负面的。在决策过程中，对于可能形成负面后果的因素分析是风险评估。

简要地说，有限理性理论对具有选择特征的决策而言，有着两个方面的贡献，一是信息的不充分，包括决策者记忆信息和外部环境信息，制约了对决策计算、替代性方案的判断，以及决策结果的预判；二是决策者认知结构的约束，认知结构包括注意力、经验、价值等。有限理性理论认为所有决策都有可能带来意料不到的后果，人都是会犯错误的，决策者不能有致命的自负。因此，对重大决策进行社会稳定风险评估为决策提供更多的信息，尤其是对预料之外后果的预判；另外增加更多行动主体参与决策过程，弥补决策者认知结构的不足。

第二节　决 策 结 构

决策结构是集体讨论与领导拍板相结合。决策权是领导权力的具体表现。公共决策权是公共权力行使的一种表达方式，法定决策权的行使赋予领导个人和集体。民主集中制是马列主义建党学说和无产阶级政权学说的重要组成部分，是中国共产党的根本组织原则和领导制度，是我国国家政权运行的基本原则。在民主集中制决策原则下，需要讨论集体领导与个人分工负责的决策结构。决策结构就是权力结构，是领导制度的一种反映。领导权力结构是领导职位关系而非领导职级关系的一种表达。职位与职级在领导权力结构中并非存在着一一对应的关系。

国外学者在研究中国领导职位关系时，提出了一个起初带有贬义的词nomenklatura（干部名录管理）[①]，后来逐步演化成为相对中性的描述中国

① nomenklatura 来源于俄语 номенклату́ра，是指苏联和东欧国家共产党选择和任命干部的一个按照职位排序的名录。见：Iain Mclean，Alistair Mcmlan. The Concise Oxford Dictionary of Politics. 3rd ed. New York：Oxford University Press，2009：369.

共产党党管干部的一套按照职位排序的名录以及后备干部的培养体系[①]。在正式职级和法定职位之外，在党内集体领导体制内，按照多重复杂因素的排位，有的是按照职务排位，有的是按照进入领导班子的时序排位，形成了领导权力结构和决策结构。

民主集中制体现为领导集体决策体制，通常以会议作为决策形式，如中共中央政治局会议、国务院常务会议等。民主与集中的关系体现为党政一把手和领导班子成员的关系。过分强调集中必然导致"家长制"与"一言堂"，过分强调民主，往往导致"无人负责""议而不决"的情形。这是民主集中制力图避免的两种极端的情形。理想状态是领导班子成员充分讨论、发表真实的意见，通过说服、协商等方式来进行决策。

对于民主集中制的高度强调和重视源自中国共产党的经验和教训。"文化大革命"结束后，邓小平同志在著名的《党和国家领导制度的改革》讲话中，深入剖析了民主与集中的关系。他说："权力过分集中，妨碍社会主义民主制度和党的民主集中制的实行，妨碍社会主义建设的发展，妨碍集体智慧的发挥，容易造成个人专断，破坏集体领导……"[②]其结果不可避免地导致"家长制"。邓小平同志还指出，"家长制"能够形成人身依附关系。如何实行民主集中制？邓小平同志说："各级党委要真正实行集体领导和个人分工负责相结合的制度。要明确哪些问题应当由集体讨论，哪些问题应当由个人负责。重大问题一定要由集体讨论和决定。决定时，要严格实行少数服从多数，一人一票，每个书记只有一票的权利，不能由第一书记说了算。集体决定了的事情，就要分头去办，各负其责，决不能互相推诿。失职者要追究责任。集体领导也要有个头，各级党委的第一书记，对日常工作要负起第一位的责任。在党委的其他成员中，都要强调个人分工负责。要提倡领导干部勇于负责，这同改变个人专断制度是

---

① Melanie Manion. The cadre management system，post-Mao：The appointment，promotion，transfer and removal of party and state leaders. The China Quarterly，1985，（102）：203-233；John P. Burns. China's nomenklatura system. Journal of Problems of Communism，1987，（36）：36-51；John P. Burns. Contemporary China's nomenklatura system. Chinese Law and Government，1987，20（4）：3-134；John P. Burns. Strengthening central CCP control of leadership selection：The 1990 nomenklatura. The China Quarterly，1994，（138）：458-491.

② 邓小平. 邓小平文选（第二卷）. 北京：人民出版社，1994：321.

两回事，不能混淆。”[①]

推进民主集中制制度化、规范化和程序化一直是党的建设关注的议题。1996 年中共中央制定了《中国共产党地方党委工作条例》(试行)，力图把民主集中制进行制度化，对于重大决策，其程序是：①在调查研究的基础上提出方案，有的问题应提出两个以上可供比较的方案；②方案提出后，一般应征求下级党组织的意见，有的应听取本地区人大、政协、人民团体的意见，有的应组织专家、学者进行分析论证，作出评估；③召开全委会或常委会充分讨论，进行表决[②]。

尽管对民主集中制高度强调，但是在地方党委和党政部门的工作中还难以有效地避免“家长制”现象的出现[③]。近年来在地方各级党委常委会民主生活会上对主要领导干部决策的主观性、武断性及个体偏好主导的报道逐步增多。例如，湖南省委常委就对徐守盛开了这样的“炮”：“守盛同志经验丰富、敢抓敢管，但有时也有先入为主、凭经验决策的情况，充分听取意见特别是听取厅局长意见、市州主要领导意见不够。”[④]

在县级典型的报道有[⑤]：2014 年 5 月 8 日上午举行的河南省兰考县县委常委班子专题民主生活会上，县长给县委书记提的意见：“……遇事先定调子，造成班子成员被动……”

其原因有：第一，从决策议题看，重大决策包括哪些事项？目前党内的规定没有清晰化。议题设置是由主要负责领导等确定的。确立重大决策事项标准的模糊给考核和责任追究带来一定的难度。

第二，在领导班子成员个人职务升迁上，一把手的作用过大，往往削弱了班子成员个人独立发表意见的博弈能力。因此，需要避免邓小平同志指出的“人身依附关系”。

---

① 邓小平. 邓小平文选（第二卷）. 北京：人民出版社，1994：341.

② 参见：http://cpc.people.com.cn/GB/64162/71380/71387/71589/5526691.html [2015-10-30].

③ 《习近平剖析陈良宇违纪问题所暴露的党建薄弱环节》，“在制度建设上，既有制度不健全特别是一些关键领域的制度没有覆盖到位的问题，更有制度执行不严、落实不够、监管不力的问题，特别是极少数领导干部违背民主集中制，搞‘一言堂’，将个人凌驾于组织之上”。http://politics.people.com.cn/GB/14562/5773269. html[2015-11-07].

④ 全国各地党委常委自揭短板向领导开炮动真格，中国新闻周刊网，2013-10-30，http:// news. sina.com.cn/c/sd/2013-10-30/161228573888.shtml[2015-11-12].

⑤ 兰考县常委民主生活会：点“麻骨”戳痛处，新华每日电讯，2014-05-11，第 4 版，http://news.xinhuanet.com/mrdx/2014-05/11/c_133324721. htm[2015-12-11].

第三，随着党建制度化程度的提高，落实会议的主要方式是形成会议纪要。在通常的情况下，会议纪要总结、整理及形成的决议本身就是领导人决策和拍板权的一种运作方式。因此，对于会议纪要最终的形成和签发，领导人具有一定的主导性和控制力，从而有可能把不同意见和看法在纪要中过滤掉，这也是民主集中制发生变异的一个重要原因。

第四，党的全委会或常委会的会议具有高度保密的特征，缺少外部力量的制约。避免“一言堂”与信息公开是直接相关的。

在行政决策系统开始对重大行政决策程序制度化、规范化和程序化的努力和探索。到2014年1月，我国已有9个省、直辖市政府和16个较大的市政府出台了有关重大行政决策程序的规章。国务院法制办公室正在进行《重大行政决策程序条例》的立法调研[①]。当前我国重大行政决策存在着“决策不科学、不民主、不合法”的现象，其结果是“无法保证决策质量，也得不到人民群众的理解和支持”。决策靠领导“拍脑袋”，主要负责人“一支笔”决策、“闭门”决策，违反决策的法定权限和程序等，或者履行的必经程序“走过场”。

《重大行政决策程序条例》(征求意见稿)，确立了决策动议、公众参与、专家论证、风险评估、合法性审查、集体讨论决定的决策环节和程序。对于会议的集体讨论，该条例规定：“决策机关讨论决定重大行政决策，会议组成人员应当充分发表意见，行政首长最后发表意见。在其他会议组成人员发表意见之前，行政首长不得发表倾向性意见。行政首长一般应当按照会议组成人员多数人的意见作出决定，拟作出的决定与多数人的意见不一致的，应当在会上说明理由。”这些努力是为了促进民主集中制的制度化、规范化和程序化。

我国县级以上的党政机关的决策结构是采取会议形式，以集体讨论和党政首长决定两者相结合的民主集中制。集体讨论和领导偏好是两个端点，形成了一个钟摆，许多重大决策就是在钟摆的某一个区域内作出的。从理想状态上看，民主集中制的决策结构，与首长制相比，强调集体智慧；与委员制相比，强调个体负责。但是在实践中常常出现相反情况：集

① 国务院法制办《重大行政决策程序条例》立法座谈会在杭州召开.参见：http://www.zjfzb.gov.cn/il. htm?a=si&key=main/xwzx/dtxw/zhxw&id=5c3f755b4419c0ec014500fdd7351895.

体作出的决定，却没有人来承担责任；个人有可能凌驾于集体领导之上。换言之，决策结构往往滑向“不需要负责任的领导个体决断”的状态。

第三节 决策过程

决策过程的典型特征是形成了条块分割碎片化机制。碎片化在英语和汉语中的意思比较接近，指把一个整体分解各个部分，各个部分之间缺乏有力的协同。碎片化是现代化运动中社会分工、专业主义在公共部门的一种表现。按照职能分工和区域分工来设置公共机构是现代国家的典型特征，这是基于效率和专业知识管理的需要①。碎片化是 1988 年李侃如（Kenneth Liberthal）和奥克森博格（Michel Oksenberg）提出的，用来解释中国条块分割体制对决策目标和过程的影响②。2009 年，毛学峰（Andrew Mertha）用“碎片化 2.0”描述当代中国决策过程出现了多元化的趋势③。

实际上对于条块分割的决策过程研究文献是很多的。例如，“权力部门化、部门利益化和利益合法化”是对部门分割决策过程的描述；“地方发展主义”“地方保护主义”“经济锦标赛”等是对地区分割的决策过程的描述。碎片化的决策过程其结果是出台的政策具有极大的社会稳定风险。诚如习近平总书记所指出的：“……要弄清楚整体政策安排与某一具体政策的关系、系统政策链条与某一政策环节的关系、政策顶层设计与政策分层对接的关系、政策统一性与政策差异性的关系、长期性政策与阶段性政策的关系。”④

① Menno Fenger，Victor Bekkers. Creating connective capacities in public governance：Challenges and contributions//Menno Fenger，Victor Bekkers. Beyond Fragmentation and Interconnectivity：Public Governance and the Search for Connective Capacity. Amsterdam，Berlin，Tokyo，Fairfax：IOS Press，2012：3.

② Kenneth Liberthal，Michel Oksenberg. Policy Making in China：Leaders，Structures，and Processess. Princeton：Princeton University Press，1988：137.

③ Andrew Mertha. Fragmented authoritarianism 2. 0：Political pluralization in the Chinese policy process. The China Quarterly，2009，200：995-1012.

④ 习近平. 推进国家治理体系和治理能力现代化. http://news.sohu.com/20140217/n395153853.shtml[2015-12-07].

从具体领域政策的制定流程来看，政策议程是从承担某一个领域管理职能的行政机构开始。通常的程序是职能部门提交政策文本和政策执行方面的报告，政府法制部门进行审核（程序审核和合法性审核）[①]，提交到政府综合部门，政府全体会议或常务会议进行决策。政府常务会议由市长、副市长、秘书长（办公室主任），以及与政策相关的其他职能部门参加，通过会议讨论形成纪要（有的还需要进一步修改和完善），然后由政府或综合部门正式发布。会议决策首先是提交政策议案的职能部门进行汇报、相关职能部门（列席会议）发言、政府副职领导发表意见、主要领导拍板决定。决策时间短、会议决策议题多、参与讨论和发表意见的人专业知识的局限、不同职能部门之间潜在的默契等导致政策过程可能存在着部门化倾向。

近年来为了提高决策过程的科学化和民主化，有的地方政府尝试进行决策过程的改革。典型的有两种探索路径：开放式决策和评估式决策。开放式决策是浙江省杭州市人民政府在 2009 年开始实行的。《杭州市人民政府开放式决策程序规定》对决策事项的提出、征求意见、决策审议、决策结果反馈进行了详尽的描述[②]。开放式决策特征是强调决策过程每一个环节的公开，强调专家和各个阶层的意见表达，强调公众参与以及公众参与的制度化保障，如听证会；对决策审议的市政府常务会议要求进行网络直播；对各类意见需要进行汇总并告知处理信息；对政策执行过程中评估的信息还需要公开。开放式决策力图通过决策过程的开放和社会力量的卷入来提升决策过程的科学化和民主化，从而克服政策部门化带来政策过程的碎片化[③]。开放式决策事项分为八大类[④]，但从 2009 年到 2014 年 5 月期间共举办的 35

① 近年来，由于地方法治政府建设步骤加快，有的领域政策根据单项行政法规规定需要进行公示、听证等程序的，政府法制办进行程序审核。

② 参见：http://www.hangzhou.gov.cn/main/zwdt/ztzj/kfsjc/wenjian/T301396.shtml[2015-12-15].

③ 按照杭州市官方的总结，开放式特点有：公开、透明、参与、互动，民主促民生；人大代表、政协委员、市民代表列席市政府常务会议，并具发言权；事先网上公布政府决策事项内容，征求市民意见；会议全程视频直播，网民通过视频连线直接与市长对话，互动交流；市民网上发帖，政府部门逐条回应；保障群众的知情权、参与权、监督权；推进政府民主决策、开放决策、科学决策。

④ 开放式决策事项列举了八大类：拟提交市人代会审议的政府工作报告、全市国民经济和社会发展计划报告、财政报告等；城市总体规划、市域城镇体系规划、经济社会发展规划、重点专项规划；重要的地方性法规草案、政府规章草案；事关群众切身利益的重要改革方案与公共政策；群众日常办事程序和社会公共服务事项等的重大调整；涉及群众生产生活的重大公共活动、重大突发公共事件应对方案；加强市政府自身建设的重大事项；市长提出的其他重大事项。

次开放式市政府常务会议来分析，并没有涵盖全部决策事项[①]。2014 年 5 月 10~11 日，杭州市余杭区因九峰垃圾焚烧发电工程项目而引发了大规模群体性事件。为什么这类敏感性强的工程项目没有进行开放式决策呢？

上海市闵行区在 2012 年开始试点评估式决策。闵行区人民政府出台《关于推行公共政策评估的实施办法（试行）》。政策评估的对象是“对事关全区经济社会发展大局或与人民群众利益密切相关，需要提交区委常委会或区政府常务会议研究决定的，涉及财政总支出超过 1000 万元/年或涉及政策对象超过 10 000 人（户）的分配性规定和管制性规定”。政策评估的流程分为七个步骤：调研公共政策需求、提出公共政策目标、设计公共政策方案、形成公共政策文本（待评估稿）及政策制定报告、开展社会稳定风险评估、开展政策评估、提交决策。评估式决策最鲜明的特征是以政策评估为关键环节，规范政策制定的流程，并在每一个环节都要求实现信息公开、吸引社会力量参与、强化政策的前评估（通常由第三方机构提供评估技术支持）。与地方政府一般政策的制定过程相比，打开了政策过程的黑箱，体制内的相关机构、公众和专家都设置了合理参与路径和参与环节。因政策评估工作量比较大，程序复杂和对公共政策专业力量要求高，组织政策评估的官员都对评估式决策发展前景不太乐观[②]。2014 年政策评估牵头单位已由区政府政策研究室转交给区发展和改革委员会。

开放式决策和评估式决策都在力图实现公共决策过程的科学化和民主化，从而克服政策制定过程中的部门化带来政策碎片化。这些努力已呈现出良好的效果，但是与中国地方政府形形色色的管理创新一样，能否持续下去值得关注。这与决策结构的领导偏好直接相关。

中国地方政策过程另一个值得关注的现象是地区发展主义导向下的区域政策的碎片化。经济学界对地方政府竞争方面的研究比较丰富[③]。尽管

① 参见：http://www.hangzhou.gov.cn/main/all/gdzb[2015-12-01].

② 2013 年闵行区对“就业援助”“净增就业岗位补贴”“战略性新兴产业”“海外高层次人才”“文化创意产业”“公共自行车项目”“现代都市农业”“公益性社会组织”等 8 个单项政策评估，其中前 6 项已完成评估（截止到 2014 年 1 月）。在 6 项已完成评估的政策中，1 项暂缓出台，2 项作重大调整，3 项进行局部调整完善。

③ 冯兴元. 地方政府竞争. 上海：译林出版社，2010；周业安，宋紫峰. 中国地方政府竞争 30 年. 北京：教学与研究，2009，(11)：28-36.

已有的研究成果已关注到地方政府竞争对环境管制、小学教育等公共物品供给（竞争的后果）的负面影响，但缺乏从政策过程角度的研究。我国基本公共服务和分配性政策等领域采取高度分权化的管理模式。在基本公共服务领域社会统筹的行政层次越低，区域之间的公平性就越低。例如，上海市 2012 年各区县小学在校生人均经费的比较，实际生均费黄浦区是 41 180.28 元，而奉贤区是 12 103.34 元，两者相差 2.4 倍；而生均公用经费相差更大，黄浦区是 17 905.33 元，金山区是 2685.61 元，两者相差 5.66 倍[①]。再如，上海市相邻两个区 P 区和 N 区，2010 年度被征地人员落实社会保障政策差异显著，享受的养老和医疗待遇差距明显。P 区是“1+X”的模式，即在缴纳 15 年镇保的基础上，增加补充养老部分，并建立高额医疗补助基金，2010 年度人均安置成本为 16.6 万元；N 区是“1”的模式，即缴纳 15 年镇保，无补充养老，2010 年度人均安置成本为 10.7 万元[②]。这两个相邻区域之间的政策差异和不一致是政策过程碎片化的典型事例。

决策过程中的条块分割削弱了政策的体系性和统一性，导致单项政策呈现出明显的不一致性，从而直接演化为社会稳定的风险源。

第四节　政 策 变 迁

在上述的决策结构和过程的框架内，影响政策变迁（policy change）的主要因素有三个[③]：领导人更换、五年一个周期的发展规划编制，以及危机或突发事件的回应。政策变迁的时间短、频率快、幅度大是当代中国公共政策的显著特征。通过持续的政策变革推动了改革开放进程，推动了经济社会的转型。

① 参见：http://www. shmec. gov. cn/atta[2013-10-29].

② 资料来源于作者的调查。

③ policy change，中文翻译成“政策变化”或“政策变迁”。从中文研究文献检索来看，这两个词都是交换使用的。但在中文中，变化是一种状态到另一种状态，变迁则更多关注变化的线路。政策变迁既有变化的一面，也有强调变化的路径，所以使用“变迁”一词。

政策变迁成为政策科学研究的一个议题[①]。政策变迁是政策过程理论关注的焦点。典型的理论有倡议者联盟、间断平衡、渐进主义、制度理论、理性选择理论等。这些理论回答的问题主要集中在四个方面：政策变迁包含的具体内容有哪些？政策变迁的方向在哪里？如何解释政策变迁的出现？变迁的时间点在哪里？

从一般意义上说，政策文本包括三个方面：政策的技术方面、政策的战略方面、政策的价值观方面[①]。诚然技术方面的变化并非能引起政策发生实质性的改变，而战略和价值观引发政策发生了根本性的改变（并非渐进变革）。政策变迁的方向有两个：线性的变迁，政策文本与沿着过去发展路径进行的，是整体发展的一个部分；非线性的变迁，政策变迁是打破过去发展的路径，建立一种完全不同的新政策文本。解释政策变迁的因果机制是复杂的，不同理论关注变迁进程的不同方面。典型的有观念与利益机制的解释[②]、冲突与学习机制的解释[③]，以及演化理论的解释[④]。概括地说，影响政策变迁的因素有制定政策的行动主体、制度、利益、政策演变的路径依赖、外部事件冲击与回应、政策学习、创新与扩散等。时间是分析政策变迁的关键因素。政策窗口（window）期是政策变迁的时间点。政策变迁有着时间上的节奏和周期，如党政领导人更换的周期和国民经济社会发展规划的编制周期等都形成了政策变迁的时间点。

随着我国国家建设向法治化进程的迈进，党政领导人更换的制度化程度明显提高。通常是以五年为周期。领导人更换是影响政策变迁的一种主要类型的因果机制。杰里伯特·卡佩诺（Giliberto Capano）指出："在所有的制度层次上，政策变迁完全是由领导人主导的过程（也就是说抵制或顺应变革）。"[⑤]领导干部任期制的推行也为政策变革提供

① Giliberto Capano. Policy dynamics and change//Eduardo Araral Jr.，Scott Fritzen，Michael Howlett，et al. Routledge Handbook of Public Policy. London，New York：Routledge，Taylor & Francis Group，2012：451-461.

② John L. Campbell. Ideas，politics，and public policy. Annual Review of Sociology，2002，28：21-38.

③ Colin J. Bennett，Michael Howlett. The lessons of learning：Reconciling theories of policy learning and policy change. Policy Science，1992，(25)：275-294.

④ Peter John. Is there life after policy streams，advocacy coalitions，and punctuation：Using evolutionary theory to explain policy change？ The Policy Studies Journal，2003，31 (4)：481-498.

⑤ Giliberto Capano. Policy dynamics and change//Eduardo Araral Jr.，Scott Fritzen，Michael Howlett，et al. Routledge Handbook of Public Policy. London，New York：Routledge，Taylor & Francis Group，2012：459.

了机会窗口[①]。实际上，我国地方党政领导人任职的期限往往都是少于党政领导干部选拔任用规定的年限。例如，浙江省温州市从 2002 年到 2014 年 12 年期间换了 5 任市委书记，市委书记任职期限平均是 2.4 年。江苏省无锡市从 2000 年到 2014 年 14 年期间换了 5 任市委书记，平均任职期限是 2.8 年。频繁更换地方党政干部导致了政策变革的频率快，周期短，其原因与我国地方决策结构密切相关。

为了进一步规范和约束地方党政领导人的决策权，近年来我国强化了发展规划编制的管理，如《国务院关于加强国民经济和社会发展规划编制工作的若干意见》(国发〔2005〕33 号)。这是我国目前指导发展规划编制工作的最高正式文件。在此之后，国家发展和改革委员会于 2007 年 4 月颁布了《国家专项规划管理暂行办法》，与国务院发展规划编制规定相衔接。在省级层面上，江苏省人民代表大会常务委员会于 2010 年制定了《江苏省发展规划条例》(38 号公告，2010 年 10 月 1 日施行)。该条例对"发展规划"的定义把国家规定进行了拓宽，包括国民经济和社会发展总体规划、国民经济和社会发展年度计划、专项发展规划、省主体功能区规划、省区域发展规划五类，增加了年度计划、主体功能区规划。它更明确了发展规划是"战略谋划与总体部署"的"元政策"本质特性。新疆维吾尔自治区人民代表大会常务委员会于 2012 年 3 月制定了《新疆维吾尔自治区发展规划条例》。云南省人民代表大会常务委员会于 2013 年 7 月通过了《云南省发展规划条例》。该省"发展规划"的含义增加了"空间秩序"内容。在市级层面上，目前已制定发展规划条例的有昆明市、无锡市等。市级发展规划条例由同级人民代表大会常务委员会制定，上一级人民代表大会常务委员会批准。《昆明市发展规划条例》于 2011 年 12 月颁布，2012 年 1 月开始实施；《无锡市发展规划条例》于 2012 年 11 月批准，2013 年 3 月开始实施。按照市级发展规划编制的原则，发展规划是重大战略、重大工程、基础设施建设、公共资源配置、社会发展与改革、产业结构调整与布局等总体安排。从广泛意

① 2014 年 1 月 14 日，中共中央颁布《党政领导干部选拔任用工作条例》，全面规范党政干部的选拔和任用、任期制等。参见：http://baike.baidu.com/link?url=kSwljJjZ-U8NwCNwGtCN7VCMnq48qfydY11lg2r6zjuzU7FREB-eIaiNE8w9PK6q[2015-12-13].

义上说，它处于公共政策体系中元政策地位。

发展规划编制是以五年为周期，形成了相对稳定的政策变革频率，但在实践中，发展规划编制也经常面临着不断修改的情况。由于发展规划编制的周期与党政领导人更换的周期不一致，调整发展规划编制已成为领导人施政的一个手段[①]。

影响政策变迁的另一个重要因素是对社会危机回应。在社会安全突发事件或群体性事件之后往往能够形成一种特殊类型的政策变迁。例如，2010 年 5 月 15 日，国务院办公厅发布《关于进一步严格征地拆迁管理工作切实维护群众合法权益的紧急通知》[②]（简称《通知》），《通知》指出："近期，一些地区在农村征地和房屋拆迁（以下简称'征地拆迁'）中，相继发生多起致人死伤事件，群众反映强烈，社会影响十分恶劣。"《通知》要求："尚未按照有关规定公布实施新的征地补偿标准的省、自治区、直辖市，必须于 2010 年 6 月底前公布实施；已经公布实施但标准偏低的，必须尽快调整提高。"这是典型的回应型政策变迁。

第五节　政策缝隙与风险源

政策缝隙是指同一领域的政策在时间、空间、社会群体之间在政策实质性内容上存在着不一致，或者在同一个空间里，不同政策领域之间的不一致。不一致的后果使其在利益再分配过程中成为社会矛盾冲突点或社会稳定风险点，政策之间存在着缝隙。

对时间不一致的讨论，在政策科学领域，首先来源于宏观经济学。1977 年，经济学家基德兰德（Kydland）和普雷斯科特（Prescott）发现政策制定者在时间维度上通常承诺的政策或预期的政策，随着时间的改变，

① 韩博天，奥利佛·麦尔敦，石磊. 规划：中国政策过程的核心机制. 开放时代，2013，(6)：8-31.

② 参见：http://www.law110.com/law/guowuyuan/law11020062271.html，国办发明电〔2010〕15 号、中机发 5668 号.

各类约束条件也随之改变，特别是政策制定者预期的改变，制定出了不同于以前的政策[①]。政策呈现出时间不一致的特征。该论点的前提假设是决策者的偏好并非一成不变的，而是不断变化的，所以发生政策变迁。从宏观角度看，中国的改革采用的是渐进方式，在基本的经济、社会和政治制度没有进行根本性变革的前提下，通过政策的推陈出新、不断更换来推动经济社会发展。政策在时间维度的变革或不一致是当代中国的公共政策基本特征之一。从微观角度看，地方政府领导人更换的频繁，领导人价值观、偏好差异比较大，这也是导致政策发生不断改变的原因。地方政府领导人更换频繁，一方面是由于实行任期制，定期换届已成为制度；另一方面是上下级政府层级关系中，对下级领导干部的调配是保持控制力的一种手段。

对空间政策不一致的讨论，比较集中在跨行政区的区域性公共政策领域。最早对各行政区政策的不同进行研究的是美国经济学家蒂布特（Charles Tiebout），他提出了地方政府竞争（local government competition）理论，地方政府之间在资源、控制权分配和制度创新方面的相互竞争最后体现在政策竞争上。在对辖区公共物品提供和地方支出的模型假设基础上，蒂布特提出地方政府间竞争的用脚投票（voting with feet）理论[②]。地方政府竞争理论已被广泛地用来解释中国地方政府之间开展的“经济发展竞赛”“土地战”“招商战”“人才战”等。展开地方政府竞争的前提条件之一就是分税制的推行，地方成为经济发展的主体之一。政策在空间上的不一致首先来源于地方政府成为经济发展和利益的主体。另外，我国目前实行的各类社会保障和公共服务是以地方政府统筹为主，统筹的层次不同造成社会政策差异很大，即使相邻的区域也是如此。

通常在分配性政策领域里，不同社会群体之间获得的利益、服务等存在着差异，形成了政策在人群之间的不一致，其直接的后果是引发了社会

① F. Kydland，E. Prescott. Rules rather than discretion：The inconsistency of optimal plans. Journal of Political Economy，1977，87：473-492.

② 曹荣湘. 蒂布特模型. 北京：社会科学文献出版社，2004.

不满、抗议和群体性事件。

政策缝隙源自政策制定过程中，决策者在权力结构中的分布带来了政策在时间维度、空间维度和社会群体利益分配维度上的不一致。政策文本的不一致的社会后果体现在使其成为利益冲突点。

一、时间不一致的政策缝隙

理解和认识中国 30 多年的改革开放路径之一就是研究中国的政策变迁。从大的时间框架来看，经历了计划经济体制、有计划的商品经济体制、社会主义市场经济体制三个阶段。30 多年来中国经济社会高速发展，带来了社会阶层、利益结构、利益关系的急剧调整，政策变迁是其调整所依赖的手段。几乎所有与公民利益相关的政策领域都发生了具有革命性特征的变革。变革的结果是政策在时间维度上呈现出不一致的特征，政策的缝隙存在着社会稳定的风险。

最典型的事例是苏州高新区的“通安事件”。2010 年 7 月 14 日到 7 月 28 日，数万农民与政府持续发生冲突，走上马路，封堵 312 国道。7 月 21 日，高新区政府紧急宣布通安镇暂停动迁，镇党委书记和镇长就地免职。然而民众的不满并没有得到缓解，周边地区的农民也开始有所行动。7 月 28 日，苏州市委宣布，“报省委同意”，苏州高新区党工委书记、虎丘区委书记被就地免职。苏州市委问责“通安事件”动真格了。“通安事件”因其发生在经济发达、相对富足，以及有着深厚文化传统的苏州而引人瞩目。参加“通安事件”的民众几乎都来自通安镇华通花园和阳山花园。他们是 2008 年之前动拆的，当初，同等面积的动拆补偿标准就比苏州工业园区（中国和新加坡合作项目）低许多：“这边拿 40 多万的话，在苏州工业园区可以拿 100 多万，同样在苏州，凭什么不一样？”虽然导致了连绵不断的上访户，但大多数动迁户选择了忍气吞声。这成为后来民众情绪失控的来源。2010 年年初开始，新一轮征地再次启动，这次拆迁同等面积补偿金额超过 2008 年以前的 3 倍，其中包括每户近 40 万元的土地宅基费。而 2008 年前并无此项补偿款——动迁户们于是指控该笔款项被镇、区政府工作人员克扣或侵吞。简要地说，“通安事件”的导火线是动拆迁标准提高和宅基地补偿费用。2010 年与以前相比发生了什么样的变化？政策变化的原因是什么？这需要对群体性事件进行理性和学术研究。

2010 年 5 月 15 日，国务院办公厅发布《关于进一步严格征地拆迁管理工作切实维护群众合法权益的紧急通知》（国办发明电〔2010〕15 号、中机发 5668 号）[①]，该通知要求：“尚未按照有关规定公布实施新的征地补偿标准的省、自治区、直辖市，必须于 2010 年 6 月底前公布实施；已经公布实施但标准偏低的，必须尽快调整提高。”

2010 年 6 月 26 日，国土资源部发布了《关于进一步做好征地管理工作的通知》[②]，要求“各地应建立征地补偿标准动态调整机制，根据经济发展水平、当地人均收入增长幅度等情况，每 2 至 3 年对征地补偿标准进行调整，逐步提高征地补偿水平。目前实施的征地补偿标准已超过规定年限的省份，应按此要求尽快调整修订。未及时调整的，不予通过用地审查”。还明确规定：“拆迁补偿既要考虑被拆迁的房屋，还要考虑被征收的宅基地。房屋拆迁按建筑重置成本补偿，宅基地征收按当地规定的征地标准补偿。”

2010 年 7 月 13 日，“通安事件”发生的前一天，有公民通过苏州高新区网站的“公众监督”的互动平台提出了有关宅基地补偿费用一事。7 月 13 日有网民提出“都是通安镇的公民，为什么树山村有宅基费，我们拆迁的时候没有”，还有一个网民提出“房子在 2003 年就拆掉了……今天看到国土部关于征地补偿通知：房屋宅基地补偿按征地标准补偿，想问一下我们拆迁后的宅基地有没有得补呢？补偿标准是多少啊？要什么时候补给呢？”[③]到了 9 月 14 日（“通安事件”已经结束了）得到了官方的答复。

7 月 30 日，苏州市国土资源局《国土资源简报》（2010 年第 14 期）

---

① 参见：http://zhidao.baidu.com/question/156274030.

② 参见：http://www.mlr.gov.cn/zwgk/zytz/201007/t20100713_154433.htm[2015-12-22].

③ 参见：http://www.snd.gov.cn/snd/xinxiang/XinxiangDetail.aspx?HistoryGuid=2d54906c-cbb5-441c-aeba-3f23ed-8b18a3[2015-12-29].

报道[1]，针对“被拆迁居民反映在房屋补偿中应该有 40 多万的宅基地补偿，为此，要求享受”的诉求，答复是：一是在 2010 年 6 月前，国家没有专门对宅基地进行补偿的具体规定，也没有明确过具体补偿的标准；二是高新区在拆迁（征收）农民宅基地时，是用安置房占用的国有土地使用权进行交换的。

2010 年前，苏州高新区拆迁依据的是 2001 年 7 月 20 日苏州市人民政府第 16 号令《苏州新区房屋拆迁管理暂行办法》[2]。该暂行办法规定：对拆迁房屋的补偿价格采用评估方法，由新区征地动迁办公室委托有资质的评估机构对被拆房屋的价格进行评估。这一条也是后来引起民众持续信访的来源，以及房屋价格被评估过低的原因之一。该暂行办法对私有住宅的补偿给出了结算办法，但没有涉及宅基地的补偿，成为后来“通安事件”的直接导火线。

2011 年 3 月 1 日，苏州市人民政府第 117 号令废止了《苏州新区房屋拆迁管理暂行办法》，按照新的《苏州市集体土地房屋拆迁管理暂行办法》（2010 年 56 号）[3]制定新的管理办法。新的管理办法进行了网上征求意见，即《苏州高新区（虎丘区）集体土地房屋拆迁管理实施细则（暂行）》（征求意见稿）。

新旧政策之间的差异体现在三个方面：①被拆迁人对评估的结果有异议的话，设置了救济程序；②增加了“房屋装修及地面附着物评估补偿+其他补偿”条款；③考虑到与宅基地相关因素（表 4-1）。

表 4-1　新旧集体土地房屋拆迁政策比较

政策缝隙	新的政策	旧的政策
被拆房屋的价格评估	当事人对评估结果有异议的，可以启动程序救济	征地动迁办公室委托有资质的评估机构对被拆房屋的价格进行评估
私有住宅补偿	货币补偿额=重置评估值+区位补偿+房屋装修及地面附着物评估补偿+其他补偿	建筑面积
宅基地	作出了规定符合农村宅基地的分户条件的明确补偿	没有涉及

资料来源：作者整理。

① 参见：http://www.szgtj.gov.cn/ShowNewsInfo.action?InfoID=8582[2015-10-19].
② 参见：http://www. nep. com. cn/cms/zixunpingtai/zhengcefagui/2009-10-29/34. Html[2015-10-21].
③ 参见：http://www.szfzb.gov.cn/news/fzb/2010/12/7/fzb-11-15-14-1411.shtml[2015-11-19].

政策时间上的不一致导致成为利益冲突的焦点，成为大规模群体性事件的导火线。目前学界对群体性事件、应急管理关注过多，对形成这些事件的原因分析得太少，需要更深入研究群体性事件形成的机理。

二、空间不一致的政策缝隙

上述的“通安事件”涉及空间政策差异引发了后来的冲突（有的民众提出与苏州工业园区之间的动拆补偿标准的差异）。政策在空间上的差异主要体现在两个方面：相邻地区的拆迁补偿标准差异；相邻地区征地的社会保障差异。在公共政策制定过程中，如果不把这些差异纳入到决策者视野的话，那么在政策执行过程中也就可能导致利益冲突。尽管这些差异的形成有着经济社会发展水平不同带来的客观原因，但是在决策过程中需要考虑到这些因素，并设计出相对合理的补偿方案。

（1）相邻地区的拆迁补偿基准价的差异。2011 年苏州市委市政府提出，把老城区桃花坞打造成为吴文化的重要窗口、非物质文化遗产的集中展示区、古城旅游的新亮点。桃花坞地区国有土地上的房屋征收将成为所有工作的重中之重。桃花坞启动区西街东侧和桃花桥河南侧为 P2 区，西街西侧和桃花桥河北侧属于 P3 区，两个区域毗邻。由于两个地块周边的交通、公用设施、经济社会发展水平存在着差异，根据 2010 年平江区公布的住宅房和商业用房基准价，两个区域的拆迁补偿基准价存在着差异（表 4-2）。

表 4-2　P2 和 P3 区位基准价的差异

项目	住宅房/（元/米 ^{2}）	沿主要街道商业用房/（元/米 ^{2}）	沿次要街道商业用房/（元/米 ^{2}）	沿一般街道商业用房/（元/米 ^{2}）
P2 区	8 100	17 900	12 700	7 500
P3 区	7 100	13 900	10 100	6 400
相差	1 000	4 000	2 600	900

资料来源：作者调查。

按照《苏州市国有土地上房屋征收与补偿暂行办法》的规定，征收补偿方案包括了住宅、非住宅类似房地产市场价格的评估基数[①]。在政策制定过程中，面临着两难的选择。如果 P2 和 P3 两个地块补偿价格一样的话，将引发 P2 地块的不满；如果补偿价格相差太大的话，将引发 P3 地块的不满。因此，制定相对合理的补偿标准将成为弥补政策空间缝隙的关注点。

（2）相邻地区征地的社会保障差异。上海新的浦东新区是由原浦东新区和南汇区合并成立的。尽管原来两个区毗邻，但经济社会发展水平差距较大。由于社会保障实行的是区级统筹，两个区对被征地人员落实社会保障的水平差异比较大。原浦东新区实行“1+X”的模式，即在缴纳 15 年镇保的基础上，增加补充养老部分，并建立高额医疗补助基金，2010 年度人均安置成本为 16.6 万元。原南汇区实行“1”的模式，即缴纳 15 年镇保，无补充养老，2010 年度人均安置成本为 10.7 万元。两区合并以后，需要来弥补被征地人员社会保障政策的缝隙，统一政策待遇[②]。

空间不一致的政策缝隙需要决策者更多地理解政策空间维度的扩散效应，把政策空间缝隙点梳理出来以后，通过相对合理的政策方案来解决。

三、社会群体利益分配上的政策缝隙

社会群体在利益分配上的政策缝隙指国家对某一类社会群体采取定向提供服务或经济利益，从而引发相关其他社会群体的不满，形成政策缝隙，带来潜在的社会不稳定。

最为典型的是义务教育学校实施绩效工资的政策制定。2008 年 12 月，国务院召开国务院常务会议，审议并原则通过《关于义务教育学校实施绩效工资的指导意见》。会议决定，从 2009 年 1 月 1 日起，在全国义务教育学校实施绩效工资，确保义务教育教师平均工资水平不低于当地公务员平均工资水平，同时对义务教育学校离退休人员发放生活补贴。这两类主体成为利

① 参见：http://wenku.baidu.com/view/8a6d9534ee06eff9aef807aa.html[2015-12-22].

② 浦东新区维稳办公室：《浦东新区重大决策社会稳定风险评估报告——关于两区合并后征地人员安置新政策风险的评估》，2011 年 5 月，内部资料。

益分配的特定社会群体。各地在执行政策过程中，引发了其他类群体的不满，进而影响到社会稳定。

以江苏省无锡市执行义务教育绩效工资为例，分析社会群体利益分配上的政策缝隙。无锡市按照上级的部署，计划在2009年9月10日教师节前出台无锡市义务教育学校绩效工作具体实施办法并落实到位。无锡市在政策制定过程中，面临着社会群体利益分配上的政策缝隙，并由此影响到社会稳定①。

截至2009年1月1日，无锡市义务教育学校在职教职工33 412人（其中市区16 563人，江阴市9331人，宜兴市7518人），实施绩效工资后，平均将提高3.5万元左右的年收入；义务教育学校退休教职工19 416人（其中市区10 651人，江阴市4473人，宜兴市4294人），实施绩效工资后平均将增加1.8万元的年收入。

义务教育学校的教职工在身份界定上存在着模糊地位的群体。由于历史原因，有的学校集幼教、小学、初中与高中功能为一体，教师互用，待遇统一，这些学校中的教师身份界定成为难题。更复杂的是有的教师过去在义务制学校工作并退休，后因学校归并等原因，学校变为非义务制学校，这些教师身份如何界定。在义务教育学校实施绩效工资的公共决策过程中，这些社会群体利益该如何考量？

（1）非义务教育学校的在职教师群体。无锡市非义务教育学校共有在职教师14 800人（其中市区7093人，江阴市4642人，宜兴市3065人）。义务教育学校实施绩效工资后，其教师的收入水平将明显高于这些群体，可能引发这些群体的不满和抗议。

（2）非义务教育学校的退休教师群体。无锡市非义务教育学校共有退休教师4125人（其中市区2647人，江阴市775人，宜兴市713人），他们可能会与义务教育学校退休教职工进行比较，引发社会不稳定。

（3）义务教育学校的编制外教师群体。为了解决教师缺编问题，一些地方向社会招聘了部分编制外教师。新的绩效工资政策实施后，收入与正

① 无锡市维稳办公室：《关于义务教育学校实施绩效工资的社会稳定风险评估报告》，2009年8月18日，内部资料。

式编制的教师将进一步拉大，可能引发程度更为激烈的社会冲突。

（4）完全中学内从事非义务教育的教师群体。按照政策规定，由学校统筹考虑。学校统筹确有困难的，由本级政府统筹考虑。由于各完全中学的非税收收入各不相同，可能给学校统筹带来困难，并且不同学校之间发放津贴的标准也不尽相同，容易产生相互攀比引发矛盾。

（5）民办义务教育学校的教师群体。这些群体的行为将影响到民办学校的教学秩序，如相应提高工资标准，将增加民办学校的办学成本，民办学校的收费标准将相应提高，引发出新的社会矛盾。

社会群体利益分配上的政策缝隙，需要决策者更为细致、周到地考虑到利益再分配过程中各类相关社会群体的利益，制定出配套政策和措施，从源头上预控社会矛盾的发生，对利益冲突点进行风险控制。

四、不同政策领域的政策缝隙

碎片化的决策机制和多主体的工程和项目投入机制导致我国不同的行政部门之间的政策“打架”或导致不一致情形现象的形成。典型的是在土地征用过程中，通常所说的“三高”（高速铁路、高速公路和高压电线）工程和项目征用同一区域的土地，而补偿的标准不一致。不同的行政部门之间政策制定缺乏协调机制，形成了政策的缝隙。这类缝隙如果过大就有可能直接引发出社会群体性事件。

通过上述案例的研究，强化公共政策的社会稳定风险评估，已成为解决社会不稳定问题的战略性选择。在推进过程中，需要公共政策的研究者提供科学知识的支持。本书根据案例尝试地提出了政策缝隙的概念来理解社会稳定的风险来源。简要地说，可以概括为如下的公式：

风险源=F（政策缝隙）

政策缝隙=F（时间、空间、不同社会群体、不同政策领域）

风险源=F（时间、空间、不同社会群体、不同政策领域）

在评估出风险源的基础上，实现源头治理的关键是以科学和民主的方式来制订精细化方案以弥补政策缝隙。

社会稳定风险评估关注的是源头治理，不能简单地理解为寻找到风险源，而应剖析影响风险演化的因素。进一步地说，社会稳定风险评估制度安排嵌入到决策程序后，具有潜在的功能。开发其潜在功能以及发挥出扩散效应，对推动国家转型具有积极意义。《开发社会稳定风险评估的民主功能》论证了社会稳定风险评估过程中公民参与的价值和意义①。《建构维权与维稳统一的制度通道》论证了社会稳定风险评估对地方决策转型的积极作用②。在上述基础上，从决策、政策变迁与风险源三者之间的逻辑关系分析开始，探讨社会稳定风险评估对与之密切相关的制度安排变革的积极意义。

本章小结

有限理性理论告诉人们，决策者都是会“犯错误”的，决策产生的后果可能是预料之外的。中国地方公共决策结构实行的民主集中制在实践中可能产生领导人主导决策权的变异。决策过程中出现的条块分割的碎片化现象成为单项政策之间存在着冲突的来源。领导人更换、发展规划编制的周期，以及对危机的回应构成了地方政策变迁的路径。决策结构、决策过程与政策变迁三个因素影响到政策缝隙的形成。既然政策是最具权威性的利益分配方式，那么政策缝隙过大就有可能引发社会利益结构的失衡，从而成为社会稳定的风险源。社会稳定风险评估制度安排的积极功能在于进一步优化民主集中制的决策结构、开放决策过程、预防碎片化的决策机制、高度关注政策变迁过程中形成的政策缝隙，从而实现社会矛盾的源头治理，提升国家治理能力。

① 朱德米．开发社会稳定风险评估的民主功能．探索，2012，(4)：57-62.
② 朱德米．建构维权与维稳统一的制度通道．复旦学报，2014，(1)：147-156.

第五章

制度安排与决策过程转型

对决策的风险评估深入到决策结构与过程，接着引发的研究主题是社会稳定风险评估制度安排在多大程度上能够推动决策过程的转型，是否成为一种动力机制。同时，还需要简要评估已有的对决策转型的努力，效果如何，原因有哪些。对决策过程转型的研究还需要进一步在经验层次提供实践知识。通过这个机制的分析，折射出中国发展进程中制度安排变革的一些内在的机理，如在压力或棘手问题面前，多层地方决策机制保持足够的弹性，灵活应对经济社会发展进程中出现的压力型问题，提升地方政府的回应力。更进一步需要讨论的是具有理性设计和社会演化特征的社会稳定风险评估制度安排对整个地方决策过程的转型的扩散效应。本章将从群体与行动、软约束与硬指标、抗争与参与、规则与机制、分析与协商五个方面展开论证。

第一节　群体与行动

维护政权的稳定、维持政治的生存（political survival）是历代政治家及其制度设计者关注的核心问题[①]。政治生存的逻辑是解释政治决策和制

① Bruce Bueno de Mesquita，Alastair Smith，Randolph M. Siverson，James D. Morrow. The Logic of Political Survival. Cambridge：MIT Press，2005：7.

度选择的出发点。历史在不断证明，能够实现长治久安，从而实现繁荣富强的政治制度有着许多共同的特征。

在中国语境下，社会秩序的流行语是维护社会稳定。维稳不仅成为官方高度关注的话题，而且是学界研究的热点议题。尽管目前对维稳缺乏一个普遍接受的明确的定义，但其最主要的问题是群体性事件。在官方的表述中，比较类似的词语有：群众闹事、聚众闹事、群众性治安事件、突发事件、紧急治安事件、群体性治安事件等①。从术语的社会意义看，它们与群体性事件还存在着差异，表达的是社会治安或公共安全方面的意义。例如，2000 年公安部发布的《公安机关处置群体性治安事件规定》，把群体性治安事件定义为“指聚众共同实施违反国家法律、法规、规章，扰乱社会秩序，危害公共安全，侵犯公民人身安全和公私财产安全的行为”。群体性治安事件共列举了 10 种行为，与我们研究群体性事件比较接近的有五种类型的行为，如人数较多的非法集会、游行、示威，聚众围堵敏感地区，无序上访等。群体性治安事件与群体性事件体现出一定的差异性。随着群体性事件数量的激增，党和政府对群体性事件的认识发生了改变。2008 年公安部发布了《公共机关处置群体性事件规定》，把群体行为分为大量出警和少量出警两类。其中对少量出警的群体性行为增加了一条“对因征地拆迁、企业改制、拖欠工资或者养老金、环境污染、非法集资等与群众切身利益密切相关的群体性事件，聚众现场尚未严重危害交通和治安秩序的”。这说明了对群体性行为新的认识——支持合法利益的表达。

官方在实践中对群体性事件的定义是根据事件危害的结果来进行划分的，强调其消极性，关注其对社会稳定所带来的负面影响。所以处置群体性事件强调的是长效工作机制。这种认识与把群体性事件纳入 2007 年 11 月开始实施的《中华人民共和国应对突发事件法》是一脉相承的。由此逐步演变了用应急管理框架来加强对群体性事件的研究。

从学术研究的角度看，“事件”这个词具有“消极、无目的性、社会危害性”等贬义，因而往往不利于开展对群体性事件的全面认识以及由此带来的推动政府改革和政治发展的意义。在应急管理框架内，事件具有非

① 参见: http://baike.baidu.com/view/61543.htm [2015-11-18].

常明显的时间序列和清晰的因果关系，但是在实践中，许多群体性事件是由非常复杂的因素造成的，而且在事件发展过程中，政府回应方式、能力通常也成为事件演变的因素。事件还意味着群体性行为没有明确的目标指向，实际上，近年来发生的比较有影响的群体性事件，例如 2010 年发生在苏州的“通安事件”，有着明确的行动目标①。因此用“群体性事件”这个词在学术研究过程中难以准确地描述研究对象。有的学者认为当前的群体性事件实质上是公民集体行动②。无论是英文的 collection action，还是中文的“集体行动”都暗含着行动有“组织性和团体性”特征。从当前我国群体性事件的演变机制来看，都缺乏组织性和团体性特征，大多数是围绕着目标而形成的松散性、聚合性群体。目标一旦达成，随之就解散了。基于上述原因，笔者认为“群体性行动”是相对贴切的研究词语。

对群体性行动的特征描述，笔者不主张从概念或法律条文出发，而应从典型案例中归纳出特征。有学者对群体性行动已有的定义进行了罗列③，但是都把非法性当作要件之一。从典型案例来看，许多群体性行动起初都采取了合法或者不违法的形式进行权益表达，但由于相关政府机构或部门没有能够满足其预期目标而导致矛盾不断升级，而不断采取大规模群体行动④。还有学者把群体性行动看成是“属于公民权的基本宪法权能”，进而倡导非事件化和去事件化，说明所谓群体性事件本身的常态性，进而寻求其合法性和正当性⑤。其立场带有一定的理想主义色彩，但对群体性行动的案例缺乏有深度的剖析，对群体性行动所带来的社会风险缺乏认知，有的群体性行动演变成为具有对抗性、暴力性的低度骚乱，如 2008 年贵州的“瓮安事件”⑥。显然现代民主法治需要国家公权与公民私权双向建

---

① 朱德米. 政策缝隙、风险源与社会稳定风险评估. 经济社会体制比较，2012，(2)：170-177.

② 许章润. 多元利益表达的正当性与表达的合法化——关于“群体性事件”的一种宪政主义法权解决思路. 清华大学学报（哲学社会科学版），2008，(4)：113-119.

③ 王战军. 群体性事件的界定及多维分析. 政法学刊，2006，23（5）：9-13；于建嵘. 当前我国群体性事件的主要类型及其基本特征. 中国政法大学学报，2009，(6)：114-120.

④ 上海的虹杨变电站引发的持续群体性行动就是一例。详见蒋卓颖：《17 年未开建的变电站》，21 世纪经济报道. 2012-05-08. http://www.21cbh.com/HTML/2012-5-8/wNNDEzXzQyOTEwNw.html。

⑤ 许章润. 多元利益表达的正当性与表达的合法化——关于“群体性事件”的一种宪政主义法权解决思路. 清华大学学报（哲学社会科学版），2008，(4)：113-119.

⑥ 吴伟. 贵州瓮安事件始末. http://news.sina.com.cn/c/2008-07-08/094715892333.shtml[2015-11-22].

构，非理性化的公民维权机制无助于公民社会的成长。公民权利与义务是对等的，私欲膨胀过了平衡点以后，难以形成约束机制。

群体性行动的首要特征是一定数量的人群聚集在一起。起初人群数量的规模比较小，但随着事态的演变人群的数量逐步增加。由于人群数量的多少成为政府回应的一个指标，导致群体性行动的规模日益增大。数量多少成为群体性行动是否“闹大”的标准。反过来，它要求身置一线的警力增多。2000 年的《公安机关处置群体性治安事件规定》与 2008 年的《公共机关处置群体性事件规定》相比，对出警数量的规定发生了明显的变化（表 5-1）。

表 5-1 出警数量规定的变化

行政层级	2000 年出警数量规定	2008 年出警数量规定
县级	50（含）人以下	100（含）人以下
地区（市）级	50～200 人	100～300 人
省级	200 人以上	300 人以上

资料来源：作者根据公安部相关规定整理。

第二个特征是行动的方式有多种，常见的有游行、示威、聚集在敏感区域、网络传播；温和的不违法的方式有“集体散步”等；极端违法的方式有打、砸、抢、与警方公开对抗等。行动的方式取决于行动的目标、参加的群体、区域法治发展程度、舆论支持的力度，以及地方各级政府的回应速度和回应方式等。简单地用非法或违法来概括群体性行动不符合实际，而用公民权的基本宪法权能来概括也有失偏颇。

群体性行动的第三个特征是后果（outcome）的不确定性和影响（effectiveness）的广泛性。后果的不确定性体现在与起始阶段清晰或不清晰的目标相比，最终后果可能南辕北辙。群体性行动一旦启动，具有自我演化机制，具有理性和非理性相互交杂特性，其后果具有不确定性，超出参与者与应对者的认知范畴。例如，贵州的“瓮安事件”，最后演变成为骚乱，处于失控状态。群体性行动的影响具有积极意义和消极意义，具有短期影响和长期影响。在短期范围内，通过地方党政干部的调整、政策的调整、上级工作组方式来理顺政府与民众之间的利益关系、心理关系，了解民众的需求并最大限度地满足。长期的影响体现在推动制度变革并演变为改革或创新的动力机制。它演化成为社会抗争的一种政治机会结构。上述这些都是群体性行动的积极意义。消极意义体现在具有民粹主义特性的社会抗争，在道义上是纯洁和高尚的，但不利于诺斯等所说的开放型秩序的建立，或者不利于具有包容性的制度建设。

尽管国内外关于群体性行动研究的文献日益增多，但根据研究的逻辑起点来分类，可以分为国家中心论和公民中心论。国家中心论的核心是把群体性行动纳入到应急管理框架内，以维稳为目标，提升国家治理社会危机的能力和水平。公民中心论强调公民权益保护，以维权为目标，以社会运动（social movement）和抗争理论（contention theory）为框架。

新的研究突破是在国家与社会互动框架下，关注国家进入社会和社会进入国家，以过程和机制为分析层次，联结宏观因素（经济、社会发展、国家制度）和微观因素（人群社会心理、群体行动的激励机制）。其实质是把维权与维稳都纳入到公共决策过程，推动其转型。下一步的研究集中关注：群体性行动与地方公共决策过程之间的关系；群体性行动与有序公民参与形成了公民系列光谱，为什么群体性行动没有推动有序公民参与的发展；地方公共决策过程如何转型。

第二节　软约束与硬指标

决策过程理论主要研究谁来决策，如何决策，决策的结果是什么等问题。从公共决策过程研究角度来透析 30 多年来中国政治发展进程，展现出一幅新的图景。在宏观制度层次，中国共产党对国家政权的领导地位、执政地位进一步巩固，党政与宪政架构相对稳定。在集体选择层次，决策过程已逐步从黑箱向透明发展。领导的偏好、各个不同行政部门或国家机构、舆论、公民社会、国际社会的影响等多重因素相互作用，构成了决策的新规则。在操作或策略层次上，决策过程中已形成许多不成文的规则，如在地方层次，许多群体性行动已突破了当前法律法规的规定，但因行动的事态和影响都很大，地方政府往往会“默认”群体性行动。另外，群体性行动一方也会在地方政府划定的合理范围内“见好就收”，把事情“闹大”也有一个合理的预期范围[①]。行动者分为决策主体（官方）和群体性行动者（公民）两类[②]。在过去的30多年里，在决策过程中，两类行动主体之间的关系已发生了很大的变化。关系变化的原因来自双方的权力和地位发生了改变，公民的地位在提升，博弈能力在提高，因此官方的行动能力受到一定的约束。两类行动主体博弈的“情景和舞台”都发生了急剧的转变，“弹性”“碎片化”“竞争性”等词语被用来描述转型的特征[③]。

决策过程的多元化特征之一是公民有能力在问题建构、政策议程甚至对政策的决定权上产生明显的影响。面对群体性行动，官方可能采取的策略有妥协与退步（收买、息事宁人）、容忍、压制。30多年来中国的改革开放深刻改变了国家权力运行机制。建立在计划经济体制基础上，以命令-控制为核心的自上而下的层级制，辅以具有周期性“运动式执行”的运行机制出现了新的变化。妥协、退步、容忍、协商、合作、有限度开放政策讨论空间等这些成为决策过程中新的机制。简要地说，当代中国政治发展具有明显突破的是公共决策过程的转型。这种转型提升了国家的弹性、回应能力、责任体系的重构。转型的方向是公民逐步拓展对决策过程的参与。

决策的层次分为中央和地方。其中，地方公共决策过程发生了更为显著的变化（本书研究的是地方公共决策过程），其推动力来自两个方面：第一，来自建设法治政府，提高依法行政能力的推动，其推进体系是行政机关的法制部门；第二，来自社会治安综合治理部门的推动，相关部门有中央社会治安综合治理委员会（2011 年更名为中央社会管理综合治理委员会，

---

① 韩志明．利益表达、资源动员与议程设置——对于“闹大”现象的描述性分析．公共管理学报，2012，9（2）：52-56.

② 在本书讨论中，没有对党、政不同的决策过程作出区分，统称为“官方”。

③ Andrew Mertha. Fragmented authoritarianism 2. 0：Political pluralization in the Chinese policy process. The China Quarterly，2009，200：995-1012.

2014年10月又恢复为中央社会治安综合治理委员会）[①]、中央纪律检查委员会、中央组织部、监察部、人事部（2008年更名为人力资源和社会保障部）。对社会治安综合治理采取党政主要领导干部和主管干部“责任制”和“一票否决制”，推动了决策过程的转型。

推进地方公共决策过程的科学化和民主化是提高政府依法行政和建设法治政府的关注点之一。近几年来，随着建设法治政府步骤的加快，对公民参与的强调日益增多。2004年，国务院《全面推进依法行政实施纲要》[②]提出“建立健全公众参与、专家论证和政府决定相结合的行政决策机制”，并要求广泛听取公民的意见。2008年，国务院《关于加强市县政府依法行政的决定》[③]提出公民参与重大行政决策的规则和程序，提出要增强公众参与度，并对行政决策听证制度作出详细的规定。2010年国务院《关于加强法治政府建设的意见》[④]提出把公众参与作为重大决策的必经程序，并要求听证意见作为决策的重要参考。2013年出台的《国务院工作规则》规定：国务院及各部门要完善行政决策程序规则，把公众参与、专家论证、风险评估、合法性审查和集体讨论决定作为重大决策的必经程序，增强公共政策制定的透明度和公众参与度。

近几年来，有些地方政府开始尝试积极推进公民参与来提高决策的民主化。比较典型的有：云南省昆明市在2010年6月制定了《昆明市政府重大事项公民参与决策实施细则》，浙江湖州建立重大事项决策社会征询、专家论证、听证公示三项目录机制[⑤]。这些探索为推进公民参与提供了制度化的通道。尽管国务院对公民参与提出比较高的要求，但上述的“纲要”“决定”和“意见”在实际运行过程中，具有软约束的特征，并没有转化为地方公共决策的必经程序。因此更多地停留在倡导性和建议性层面上。换言之，在法治政府建设框架内，通过推进公民参与来推动

---

① 2011年8月21日，中央办公厅、国务院办公厅印发了《关于中央社会治安综合治理委员会更名为中央社会管理综合治理委员会的通知》。参见：http://www.chinapeace.org.cn/gengming/[2015-10-19].

② 国务院关于印发全面推进依法行政实施纲要的通知（国发〔2004〕10号）. http://www.gov.cn/ztzl/yfxz/content_374160. htm[2015-11-03].

③ 国务院关于加强市县政府依法行政的决定（国发〔2008〕17号）. 参见：http://www.gov. cn/zwgk/2008-06/18/content_1020629. htm[2015-11-22].

④ 国务院关于加强法治政府建设的意见（国发〔2010〕33号）. 参见：http://www.gov. cn/zwgk/2010-11/08/content_1740765. htm[2015-12-09].

⑤ 浙江湖州市探索建立政府重大事项决策三项目录新机制. 参见：http://www.chinalaw. gov.cn/ article/ dfxx/zffzdt/200808/20080800047685. shtml[2015-12-23].

地方公共决策的民主化对决策者形成了一种软约束。这些规定没有转化为地方决策者的激励机制或惩罚机制，没有明确的考核准则和责任标准。比较典型的案例是云南省昆明市 2013 年 PX 项目引发持续的大规模群体性行动。2013 年 5 月 4 日，大约 3000 人在昆明市街头聚集表达诉求；5 月 16 日，近千名昆明民众又聚集在云南省政府门前街道，抵制落户昆明西郊安宁的中石油炼油项目①。显然，2010 年 6 月昆明市开始实施的重大事项公民参与决策实施细则没有发挥出任何作用，成为一种典型的软约束。

与此相对应，由于地方群体性行动日益增多，根据“稳定压倒一切”的战略目标，初步建立了一套领导干部责任考核体系。1991 年，中央社会治安综合治理委员会下发了《关于实行社会治安综合治理一票否决权制的规定》②，建立一种奖惩分明的激励和制约机制，对单位和个人评选先进进行否决，特别是对主要领导和主管领导晋职晋级的资格进行否决。1993 年 11 月 14 日，中央社会治安综合治理委员会、中央纪委、中央组织部、人事部、监察部联合下发了《关于实行社会治安综合治理领导责任制的若干规定》，建立社会治安综合治理的领导责任制，强化对党政领导干部的政绩考核、晋职晋级和奖惩，并作为领导干部年度述职的主要内容之一③。2003 年，中央组织部与中央社会治安综合治理委员会联合下发了《关于党委组织部门在参与社会治安综合治理工作中进一步发挥好职能作用的意见》④，提出“对发生严重危害社会稳定重大问题的地方实施领导责任查究的事项”。2006 年，中央组织部下发了《关于充分发挥党委组织部门职能作用大力促进平安建设的通知》，进一步强化对领导干部的责任追究。2009 年，中共中央颁布《关于实行党政领导干部问责的暂行规定》，在对党政干部问责七类情形中，直接或间接涉及社会

---

① 上千群众聚集昆明市中心，抗议安宁 PX 项目. 参见：http://news.wenweipo.com/2013/05/17/IN1305170030.htm[2015-10-23].

② 关于实行社会治安综合治理一票否决权制的规定. 参见：http://wenku.baidu.com/view/ 6ba8a38acc22bcd126ff0c42.html[2015-11-22].

③ 关于实行社会治安综合治理领导责任制的若干规定. 参见：http://news.9ask. cn/fagui/zyfgk/201003/ 364422.html[2015-12-20].

④ 关于党委组织部门在参与社会治安综合治理工作中进一步发挥好职能作用的意见. 参见：http://www.djpaw.gov.cn/listv.asp?vid=168&ftxt=[2015-12-29].

稳定或群体性事件的有四类情形[①]。近几年来，在实践运行过程中，对重大群体性行动的处理，一般都会采取直接追究当地主要领导人的责任，如就地免职（表 5-2）。

表 5-2　近几年来因重大群体性行动而被免职的官员

时间	重大群体性行动	免职的官员
2008 年 6 月 28 日	贵州“瓮安事件”	瓮安县县委书记王勤、县长王海平、县公安局原政委罗来平、县公安局局长申贵荣
2008 年 7 月 14 日	苏州“通安事件”	苏州高新区党工委书记、虎丘区委书记王竹鸣
2009 年 6 月 17 日	湖北“石首事件”	石首市委书记钟鸣、市委常委唐敦武
2011 年 9 月 21 日	广东“乌坎村事件”	村支部书记薛昌予、村委会原主任陈舜意

资料来源：作者整理。

因群体性行动引发的社会稳定已成为对地方党政干部考核的一个硬指标，往往成为上级党委和政府处置群体性行动并给人民群众一个交代的必要措施。与软约束不同之处在于它是刚性的，是地方官员不能逾越的高压线。在这样的维稳机制下，导致的结果是使社会越来越不稳定，成为党与人民群众、政府与公民关系最紧张的接触点。接下来需要探讨的问题是，为什么在各级决策过程中公民参与没有成为推动决策过程转型的动力。

第三节　抗争与参与

在社会运动和抗争理论框架内，对群体性行动的研究有着丰富的学术文献。已有的成果有：研究抗争的政治机遇、组织与网络形成的动员结构、建构行动的意义、认同的力量、抗争的手法、集体抗争的类型等[②]。抗争理论的研究没有解决一个实质性问题：如何把抗争转化为体制性力量，如何把抗争释放出来的能量转化为公民参与的推动力。

① 关于实行党政领导干部问责的暂行规定. 参见：http://baike.baidu.com/view/2629331. htm[2015-12-28].

② 谢岳. 抗议政治学. 上海：上海教育出版社，2010.

从20世纪80年代以来，全球范围内迎来了以公民直接参与为主的新浪潮，公民参与形成了独立发展的学术谱系①。公民参与区别于以选举活动为核心的政治参与，强调公民对公共决策过程的直接卷入、谈判、协商、合作等②。公共理性和协商民主理论为其提供了学理基础，网络的发展提供了技术保障，全球性知识流动提供了政策趋同，它有效地克服了代议民主与技术专家相结合的公共决策模式带来的民主赤字。这些文献也没有回答在中国情景和地方公共决策舞台上地方官员为什么要推动以权力共享为特征的公民参与。

无论是抗争理论还是公民参与理论实质上都是对现代代议制民主运行过程中出现问题的回应。抗争理论关注底层民众的抗议权利，公民参与理论关注公民社会的知识和能力日益提升之后对参与价值的追求，而且参与的价值本身就是公民幸福感的来源③。在中国情景下，抗争理论和公民参与理论的意义与代议制民主不同，关注的是政治转型和发展，也就是说能否在推进政治建设过程中解决好社会稳定与公民维权之间呈现出的内在紧张关系。因此，需要在理论借鉴过程中进行理论的创新。尽管抗争是一种非制度化的参与，但是从文献分析和学术谱系上看，抗争理论与参与理论两者并没有联结起来。本书理论上的突破之处就在于提出从抗争到参与是公民系列行为光谱。

从组织化程度和暴力程度来看，抗争行为有：组织化程度高的暴力、低度组织化暴力、无组织性的暴力、占领敏感地区、堵塞交通、游行、示威、静坐、“集体散步”、信访等。值得关注的是，参与理论所用的“参与”一词，与官方仅停留在“参加”，或决策过程中的“信息告知”“在场”的意义不同。例如，昆明市规定：对参与的议题表明态度，提出建议、意见；提供市政府常务会议决策的相关书面材料。

按照公民参与对决策过程的影响程度来看，参与的形式有：信息告

① 朱德米. 回顾公民参与研究. 同济大学学报（社会科学版），2009，（6）：89-96.

② Nancy Roberts. Public deliberation in an age of direct citizen participation. The American Review of Public Administration，2004，34（4）：315-353.

③ 经济合作与发展组织（OECD）在测量人们的幸福时，选取的指标有：住房、收入、职业、社区、教育、环境、公民参与、健康、生活满意度、安全和工作-生活的平衡。详见：http://www.oecdbetterlifeindex.org/[2015-12-13].

知、在场、发出声音、谈判与协商、合作、同意。这些参与形式对决策过程的影响逐步增强，形成了参与通道。

从抗争到参与形成了系列的公民行为，一端是有组织化的暴力，另一端是公民同意，中间是多种形式的公民行为。影响从抗争到参与转变的关键变量是地方公共决策过程。当地方公共决策过程排斥公民参与时，公民的需求、利益和偏好无法卷入到决策过程，必然引发公民对决策后果进行抗争。同样，大规模持续的抗争、严厉的干部考核和责任追究迫使地方政府领导人转变决策过程，倾听民意，注重民众的利益、需求和偏好。

近几年来群体性行动参与主体有所变化，从早期的底层民众、弱势群体、改革的"牺牲者"等，逐步扩大到接受高等教育的民众，拥有一定社会地位的中产阶层。参与主体的知识、能力的提高，使群体性行动出现了新的变化。政治机会结构的扩大，新一代政治家新政治理念的出现，民主法治建设步伐的加快，为从抗争到参与提供了新的机遇。网络的快速发展（如 Web2.0 时代微博的出现），极大地改变了信息在社会的扩散和传播。这些要素汇集成从抗争到参与转变的动力。地方政府对抗争到参与采取不同类型的回应方式，如对有组织化的暴力采取强制方式，对参与采取了合作方式。回应方式的系列光谱是公共权力从强制性向说服性转变，从说服式向共享式转变。

从经验性层面来看，事后抗争的激烈程度在很大程度上来源于事前参与的不足。我们以 2012 年在四川什邡钼铜项目、江苏启东排海工程，以及浙江宁波镇海 PX 项目等地发生的环境群体性事件为案例，来进行论证。

从风险的属性看，环境决策的评估工具有环境影响评价和社会稳定风险评估。但环境影响评价仍是当前我国环境决策审批过程中的最主要程序。环境影响评价评估的风险是环境风险，而环境风险直接影响到人群的身心健康及日常生活，所以环境影响评价必须有相关利益群体的参与。换言之，环境影响评价的有效性取决于公众参与的程度。公众参与有效性是衡量环境影响评价质量的一个重要指标。

在上述三个案例中，在立项时都没有真正把环评作为决定项目是否建设的根据。征求公众意见也常常避重就轻，走过场而已。虽然审批程序基本齐全合法，但是对公众参与的精神不够尊重。环保专家、公众与环境信息研究中心主任马军认为："环评制度从西方引进到中国已有 30 年时间，但国内基本将它当作一种技术评价的过程，并没有将其中很重要的一个方面也就是利益方的知情、参与和博弈一并学过来。由此，缺乏了民主决策的保证，科学决策很多时候就难以实现，最终环评的质量受到影响，甚至沦为走过场。"[①]由于公众参与程度不足，环境影响评价的有效性大大打了折扣，最终导致环境风险演化成社会风险。

公众参与的程度首先体现在公众参与范围。在实践中，公众参与范围受到限制。四川什邡钼铜项目第二次信息公示文档写明："本次公众参与的范围主要为四川宏达钼铜有限公司钼铜多金属资源深加工综合利用项目所在地的和与本项目有直接或间接关系的企事业单位和个人。"没有把其他公众或者感兴趣的公众列入参与的范围。而《中国经营报》记者报道说："除了当地居民反对之外，一些在当地投资建厂的企业，比如蓝剑集团以及长城雪茄卷烟厂对此也很有意见，甚至政府内部对此也有不同的声音。"[②]因此公众的范围应放大到这些有不同声音的人群。此外在钼铜项目的调查表发放过程中，只发放给了附近几个村的村民，也不足以保证公众参与的代表性、广泛性和全面性。

公众参与的程度也体现在公众参与的时间和阶段。三个案例可以看出：公众参与的时间和阶段过于滞后（表 5-3）。将公众参与仅仅限定在环境影响报告书报批的前一个阶段，而排除在立项初审和编制环境影响报告书草案阶段之外，从而使环境影响评价制度未能充分发挥其应有的预防功能。有些公众文化水平低，他们对专业性强的环境影响评价报告书发表意见，是力不能及的。而在立项、规划和初审阶段由于涉及的问题比较宽泛，不需要专业知识，反倒会使公众参与成为可能。所以为了提高公众参与的可操作性和有效性，需前置参与阶段。而在 PX 项目的案例中，由于环评程序的推延，公众参与环节被一再推迟，直至群体性事件爆发，都未完成公众参与环节，如此就埋下了稳定隐患。

---

① 崔文官. 什邡：百亿钼铜项目夭折真相. 中国经营报，2012 年 7 月 9 日，第 A09 版.

② 四川宏达钼铜有限公司. 四川宏达钼铜有限公司钼铜多金属资源深加工综合利用项目第一次环保公众参与公示. http://www.sfzw.gov.cn/b/sfzw/shownews.asp?newsid=2011130155154741[2011-01-30].

表 5-3 钼铜项目、排海工程、PX 项目环评公众参与的阶段和时间

项目	公众参与的阶段和时间
钼铜项目	第一次公示时间：2011 年 1 月 31 日～2 月 16 日 发放调查意见表：2011 年 3 月～4 月 第二次公示时间：2011 年 5 月 9 日～5 月 20 日
排海工程	第一次公示时间：2007 年 8 月 17 日～8 月 31 日 第二次公示时间：2008 年 1 月 10 日～1 月 20 日
PX 项目	原定于 2012 年 10 月 3 日的环评公众参与环节，被推迟到 11 月下旬，人们以为这意味着取消

资料来源：作者整理。

环境影响评价的有效运行依赖环境信息的公开。《环境信息公开办法》中明确规定："通过政府网站、公报、新闻发布会以及报刊、广播、电视等便于公众知晓的方式公开。"但从三个案例可以看出，政府在立项时没有及时宣传，众多当地民众对项目筹划几乎一无所知，公众参与缺乏必要的环境信息支持。第一，选择信息公开的方式过于单一，缺乏针对性。政府发布信息的具体形式为网上公示，一些闭塞偏远的农村对环境信息的知晓程度远远不够，无法保障公众知情权。第二，环评信息公开时间晚，环境保护行政主管部门在审批或者重新审核环境影响报告书阶段才公开有关环境影响评价的信息。第三，环评报告公示时间短，且只公示简本，甚至有些项目连简本都未公布，可见信息公布得非常不足（表 5-4）。现行《环境影响评价公众参与暂行办法》（环发〔2006〕28 号）要求的公示最低限为十天。而如果按照这个最低限公示，且公布在政府网站二级子目录下，很难达到充分了解的效果。此外公示的内容过于简单或专业化，或者在拟建项目对环境的危害、污染情况及潜在的环境影响等方面含糊其辞，公众则因本身专业知识的局限性，无法了解真正的环评结果。以上这些信息公开方面的不足在一定程度上侵犯了公众在环境影响评价制度实施过程中的知情权。

表 5-4 钼铜项目、排海工程、PX 项目环评相关信息公示情况

项目	第一次公示	第二次公示	公示时间	公示内容
钼铜项目	2011 年 1 月 31 日～2 月 16 日	2011 年 5 月 9 日～5 月 20 日	总计 27 天	第一次公示：该项目的概况和环评概况 第二次公示：环境影响报告书简本（9 页）

续表

项目	第一次公示	第二次公示	公示时间	公示内容
排海工程	2007 年 8 月 17 日～8 月 31 日	2008 年 1 月 10 日～1 月 20 日	总计 24 天	第一次公示：该工程的好处及减缓措施 第二次公示：除了在营运期的缓解措施更加具体外，其他没有变化 注：并没有公示环境影响报告书的简本或全本
PX 项目	环评程序推延，还未进行任何信息公示			

资料来源：作者整理。

公众参与的程度当然也依赖于公众参与方式。而三个案例反映出目前的参与方式出现很大问题（表 5-5）。目前公众参与的方式之一是调查问卷的形式，由项目所在地居民填写公众参与调查表。在实际操作中，调查问卷的设计容易千篇一律，调查的内容浮于表面，不具体，不深入，这种标准化的调查，很难反映出受影响群众的个别意见，缺乏全面性和代表性。2011 年三四月间，钼铜项目所在地附近的几个村村委会向村民发放《环境影响评价意见表》。“但意见表中列出了项目基本情况、项目对当地的好处，却没有列出可能发生的环境风险。附近银池村村民钟红（化名）说，文化程度不高的她，没法理解这到底是个什么样的项目，所以无法决定‘同意’还是‘不同意’。”[①]这种流于形式的调查结果无法真正反映公众的诉求。此外，钼铜项目和排海工程征求公众意见的具体形式为：通过在拟建工程所在地网上公示的方式对项目基本情况、可能产生的环境影响、拟采取的环保措施及环评报告初步结论向公众进行介绍。但是在实际操作中，很多公众对公示信息并不知情。登录什邡市政府政务服务中心的公示页面，显示笔者是“本站第 43 位访问者”。很明显，当地的群众对这些公示的内容全然不知，因而自动放弃此项参与权利。

鉴于以上调查问卷的局限性，以及征求公众意见方面有效性的不足，以上两种形式均不宜作为公众参与环境影响评价的主要方式。听证会和论证会比较正式和规范，有专家释疑，有公众表决，应该成为公众参与的主要形式。因此公众参与的程度也依赖听证会的有效性（表 5-5）。江苏

① 左林，李微敖．什邡失措．财经，2012-7-16，环境与科技版．

启东排海工程项目的环评中，曾经召集过听证会。在网站上曾发布《南通市大型达标水排海工程项目海洋环境影响报告书核准前听证会公告》，但是浏览人数只有一人，且南通市环保局内部人士向《中国经营报》记者表示："我从来没听说召开过什么听证会。"[①]听证会公告里写明："申请参加听证方式：需要申请参加听证的有关单位、企业、利害关系人填写本公告附表后寄送至南通市海洋与渔业局，经我局审查后确定听证参加人""需要申请参加听证的单位、企业、利害关系人在公告发布后 15 个工作日内向我局提出参加听证申请"。此种自行申请参加的听证会由于宣传不到位，根本就是形同虚设，无法保障公众的参与权和表达意见权。

表 5-5　钼铜项目、排海工程、PX 项目环评公众参与方式

项目	公众参与方式
钼铜项目	向村民发放《环境影响评价意见表》
	征求公众意见的主要形式：在钼铜项目的公示期间，"公众可以通过电子邮件、电话告知或到四川宏达钼铜有限公司办公室查阅的方式获取工程环评报告简本，同时建设单位将根据公众的意见对公示的内容中涉及的内容进行补充说明"
排海工程	征求公众意见的主要形式：在排海工程的公示期间，"根据您对项目的了解，提出您对南通市大型达标水排海基础设施工程建设的看法和意见。以信函、传真、电子邮件或者按照有关公告要求的其他方式，向我们提交书面意见"
PX 项目	环评程序推延，还未进行任何公众参与方面的信息公示（截止到 2012 年 11 月）

资料来源：作者整理。

缺乏公众参与环境影响评价的反馈、监督、救助等司法保障机制，公众博弈权很难得到满足，这在一定程度上也影响了公众参与的有效性，进而影响到环境影响评价的整体功能发挥。目前我国公众参与权的立法还不明确。环境影响评价机构将公众参与的结果编入环评报告书，报告书经专家审查通过后只是作为环境管理部门的管理依据和审批时必备的书面材料，并没有获得相关部门的反馈。"公众大多情况下只能单向地表述观点和看法，但是很少被告知其意见或建议是否被采纳。"公众参与结果很少向公众公布，使公众无法对项目后期进行有效的监督。此外，我国的环境影响评价立法中对于

① 李宾，郝成. 污水排海环评争议. 中国经营报，2012-8-6，第 A11 版.

建设单位和环境影响评价单位违反公众参与有关规定的惩戒措施并没有明确，公众在参与权受到损害时，没有申诉和救济的渠道，最终使得公众参与环境影响评价流于形式。在“启东事件”中，“当地居民提出了公开全部王子纸业项目在启东建设排污入海工程的环境评价意见书，但最终未果”[①]。这就充分暴露出我国目前环境影响评价的司法保障机制的不完善。

纵观上述三个案例，环境风险演化成社会风险的机制主要在于公众参与不足，影响了环境影响评价的有效性，忽视了社会风险的管理。当具有环境风险的项目影响到当地百姓的实际利益时，政府仍奉行“关起门来”决策的思维模式，信息不公开透明，无视公众的利益诉求和参与愿望，缺乏相应的回应机制。政府冷漠民意之后，可能会出现更大的民意反弹。当公众的知情权、表达权、博弈权无法真正得到保障和满足时，非制度化和抗议表达也就成了广大公众的自然选择，原先的环境风险就演化成了社会风险。

第四节 规则与机制

为了推进地方政府决策的科学化、民主化和法治化，多个省（自治区、直辖市）制定了重大行政决策规则，规定了详细的程序。目前比较典型的有：2008 年，湖南省人民政府以政府令形式发布了《湖南省行政程序规定》[①]，对行政决策程序作出规定。重大行政决策草案要征求公民意见。对涉及公众重大利益、公众对决策方案有重大分歧的、对可能影响社会稳定等的重大行政决策要举行听证会。2009 年，青海省人民政府以政府令形式发布了《青海省人民政府重大行政决策程序规定》[②]，要求征求意见和采取听证。2011 年，山东省人民政府以政府令形式发布了《山东省行政程序规定》[③]，规定重大行政决策方案要进行社会稳定、经济和环境

① 湖南省行政程序规定. 参见：http://www.law-lib.com/law/law_view.asp?id=263759[2015-10-08].

② 青海省人民政府重大行政决策程序规定. 参见：http://www.qhfzb.gov.cn/html/862/65579.html[2015-10-22].

③ 山东省行政程序规定. 参见：http://www.law-lib.com/law/law_view.asp?id=357204[2015-12-10].

方面的风险评估，公众对决策方案有重大分歧的，对可能影响社会稳定的重大行政决策要举行听证会。在市级层次上，发布的重大行政决策规定比较多，省会城市基本上都制定了重大行政决策程序规定。其中典型的有浙江省杭州市 2009 年发布的《杭州市人民政府重大行政事项实施开放式决策程序规定》①，规定了“利益相关主体平等表达意见”，并对公民参与方式作出详细规定。行政程序的规定，特别是决策程序的规则化，有利于提升决策质量。尽管对公民参与决策的事项类型规定上还比较模糊，参与的方式仅停留在信息告知、在场、发出声音上，但是已开启了类似杭州所提出的开放式决策类型。这个进程一旦启动，就有可能进一步向前推进，不可能发生倒退，从而为推动地方政府公共决策过程的转变创造更多的创新空间。

面对群体性行动带来的维稳压力，地方政府开始探索新的机制来转变维稳思路，提出了关口前移、源头治理的新思路和新机制。这就是社会稳定风险评估。从各地实践和中央相关文件来看，其基本含义是对“重大决策对社会稳定的影响预评估”，实现社会稳定的源头治理，从而实现维护社会稳定的模式转变。从这个基本含义出发，社会稳定风险评估包括三个方面的要素及特征：①预评估：就是对未来的不稳定因素进行模拟和预测。②源头治理：不是为评估而评估，中心任务是把社会不稳定因素控制在萌芽状态或缓解社会矛盾，需要采取相应的行动措施。③维稳模式的转变：把事后的抗议力量导入到公共决策参与过程，把“维权”“维稳”和“决策过程的法治化、民主化和科学化”三个系统结合在一起。

目前社会稳定风险评估在改革顶层的意义是把党政维稳系统与公民维权系统联结在一起的制度创新，从本质上改变现行的维稳方式。进一步地说，把公民对公共决策后果的事后激烈抗争转化为事前的积极参与。以社会稳定风险评估机制建设为契机，推动地方公共决策过程转变。转变的方向是从一个相对封闭的、以领导（个体或集体）偏好为主的决策方式转向一个开放、多元、包容、协商的决策过程。

---

① 杭州市人民政府重大行政事项实施开放式决策程序规定. 参见：http://www.law-lib.com/law/law_view. asp?id=294756[2015-10-17].

第五节　分析与协商

推动地方政府公共决策过程转型需要决策理论的支持并奠定知识基础。从 20 世纪 90 年代初开始，政策科学知识基础发生了急剧变革，从实证主义、行为主义向后实证主义转变。一方面，重新继承政策科学创始人拉斯维尔强调政策的民主功能；另一方面，开发出新的概念和分析方法，如参与式政策分析（participatory policy analysis，PPA）或公民积极主动参与“政策对话”“协商”等[①]。乌打亚·韦格尔（Udaya Wagle）在《民主的政策科学：方法问题和公民参与》一文中对实证主义与后实证主义进行了方法论的区分。实证主义路径的方法有模型分析、统计分析、运筹研究、成本-收益分析、风险-收益分析；后实证主义路径的方法有社会系统研究、主观价值分析[②]。用更为形象的话说，实证主义的政策科学把决策过程看作是把复杂的社会问题转化为具有可测量的，有一个优化答案的“应用题”，而后实证主义强调决策过程应当是多元主体的需要、利益、偏好、价值、理想等对话、协商，最后是形成多方妥协结果的“辩论赛”。简要地说，实证主义关注的是公共决策中问题的分析，后实证主义关注的是公共决策过程中多元利益的协商。在决策过程中，分析与协商都是必不可少的要素，因此分析-协商型成为地方公共决策转型的方向，决策过程中既需要“应用题”也需要“辩论赛”。参与式政策分析、“辩论赛”、协商型决策成为地方公共决策过程出现的新趋势。深入推进这个发展趋势，不仅需要参与实践逐步完善，更需要理论和方法层面提供坚实基础。公共理性和协商民主提供了学理基础。公共政策领域出现的新研究方法——叙事式政策分析（narrative policy analysis）——成为研究公民参与的分析工具。格瑞格·汉普顿（Greg Hampton）在《通过叙事分析提高公民参与》中指出：“有效的公民参与要求政策分析方法能够适应多元参与者的不同

---

① Peter DeLeon. The historical roots of the field//Michael Moran，Martin Rein，Robert E. Goodin. The Oxford Handbook of Public Policy. Oxford：Oxford University Press，2006：52.

② Udaya Wagle. The policy science of democracy：The issues of methodology and citizen participation. Policy Science，2000，33（2）：207-233.

观点、偏好和价值的对话。”[①]叙事学是研究文学作品结构的科学[②]。叙事政策分析吸收了社会学、社会语言学、心理学、人类学等理论，关注文本的完整性及其用途，而不是资料、数据的有效性和可靠性。叙事政策分析能够把文化和社会多元性吸纳到分析过程并展现公民偏好[①]。叙事方式以故事或非故事方式呈现出来，叙事过程中能够表达价值、目标和感情，并把信息传递给“听众”。叙事能够传达公民偏好、意义构建，从而使政策对话丰富和完整。

在国家主导型发展模式下，地方政府决策过程通常以增长速度和发展效率为基点，并动员一切促进经济增长的要素资源。其结果是形成了法理德·扎卡里亚（Fareed Zakaria）所说的“中国不是在运行国家，而是在运行公司”[③]。地方公共决策过程构造形成了以效率为逻辑起点类似公司的运行机制。决策过程具有封闭性、碎片化特征[④]。决策过程把社会-政治问题转化为经济-技术分析。决策者的知识和经验的构成以及决策依赖的知识和“思想库”大多数是以工程、技术、经济学为主。对于已发生的群体性行动采取“一事一议”和“花钱买平安”的方式，不愿对公民参与投入资源，也不愿对民主和法治的制度建设投入资源。一些地方和部门领导干部信奉“能压下就有两下、摆平就是水平、搞定就是稳定、妥协就是和谐”“花钱买平安”的治理方式。信访不信法由此蔓延，“大闹大解决，小闹小解决，不闹不解决”预期得以强化，简单的小矛盾往往演变成大事件[⑤]。基于上述原因，推动公民参与动力不足的关键因素是地方政府官

---

① Greg Hampton，Enhancing public participation through narrative analysis. Policy Science，2004，37（3/4）：261-276.

② “叙事学”一词最早是由托多罗夫提出的。他在 1969 年发表的《〈十日谈〉语法》中写道：“……这部著作属于一门尚未存在的科学，我们暂且将这门科学取名为叙事学，即关于叙事作品的科学。”实际在此之前，叙事学的研究设想和理论轮廓已经相当完整。叙事学的产生是结构主义和俄国形式主义双重影响的结果。结构主义强调要从构成事物整体的内在各要素的关联上去考察事物和把握事物，特别是索绪尔的结构主义语言学从共时性角度，即语言的内在结构上，而不是历时性角度、历史的演变中去考察语言，这种研究思路对叙事学的产生有重大影响。详见：http://baike.baidu.com/view/37900.htm。

③ 参见：http://www.time.com/time/magazine/article/0，9171，2113800，00. Html[2015-12-20].

④ “碎片化”是 1988 年 Kenneth Liberthal 和 Michel Oksenberg 提出用来解释中国条块分割体制对决策目标和过程的影响的。Kenneth Liberthal，Michel Oksenberg. Policy Making in China：Leaders，Structures，and Processess. Princeton：Princeton University Press，1988：137.

⑤ 不要让权利维稳变成权力维稳. 参见：http://news.sohu.com/20120718/n348423220.shtml[2015-12-22].

员把群体性行动释放出来的能量通过地方公共决策过程消解了其积极意义。譬如社会稳定风险评估本身具有积极的推动公民参与的潜在功能，但在实践推进过程中把着力点放在社会稳定风险如何计算，风险等级如何确定等方面，从而削弱了其民主功能的开发。

地方决策过程转型方向是构建分析-协商型决策模式。分析强调决策过程的科学性，关注多种知识在决策过程中的运用。协商强调多个行动主体之间的利益、需要、偏好的表达、谈判、合作和同意等。通过决策过程的转型把群体性行动释放能量转化为公民参与的动力。目前地方公共决策过程处于转型进程中。毛学峰认为当代中国决策过程出现了多元化趋势，准入过程的条件已经降低了，半官方的人士、非政府组织、媒体等多元行动者的影响逐步增大①。决策过程的民主化进程还需要逐步增强，公民参与需要全面推进。

本章小结

社会稳定风险评估推动了地方决策过程的转变，需要把民意和公民参与纳入到决策过程中来。“事后灭火不如事前评估，通过社会稳定风险评估让民意进入决策。”②因此社会稳定风险评估成为推动地方公共决策过程转变的“机会窗口”。而决策过程的转变是维权与维稳统一的制度通道。一个开放、充满活力、公正的社会秩序是中国持续繁荣和长治久安的基础。时下维护社会稳定具有长期的历史意义。把群体性行动释放出的能量转化为很强的动力，这是维稳模式转变的核心，转变的关键之处在于决策过程的转变。一个开放、多元、包容、协商的决策过程是构建良好社会秩序的保障。

---

① Andrew Mertha. Fragmented authoritarianism 2. 0：Political pluralization in the Chinese policy process. The China Quarterly，2009，200：995-1012.

② 王丽，王攀，李慧颖，等. 事后灭火不如事前评估通过稳评让民意进入决策. 参见：http://www. chinanews. com/gn/2013/04-26/4766440.shtml[2015-11-22].

第六章

制度安排与风险治理

从社会稳定风险评估制度安排的实践操作来看，它是建立在风险治理框架内（有关风险治理的理论阐述将在后文中详细论证）。它的评估焦点是群体性行动演化的方式和动力机制。社会稳定风险评估的目的并非是为评估而评估，而是通过评估为决策提供科学判断，预防风险演化成事件，减缓社会矛盾冲突的程度，或者确保把社会冲突控制在可控的范围内。进一步推进研究的首要任务是需要基于风险治理的框架对社会稳定风险评估的原则和流程进行重新检讨，以确保制度安排功能有效性的发挥。其次在对社会稳定风险演变动力和演化机制的规律探索基础上为风险评估提供针对性的防范措施。简要地说，从运行机制层面来研究风险治理框架和风险演化的动力学。

第一节　风 险 治 理

社会稳定风险评估制度安排是内生于中国社会和国家双重转型过程，经历了地方试验—中央认可—全国推广三个阶段。制度安排成长的方式和路径决定了全国各地对社会稳定风险评估制度安排的设计、运作和功能定位的差异。尽管如此，但从社会稳定风险评估制度安排的基本属性来看，它是在风险治理框架内的一个部分，或者力图建构一个适应双重转型社会和国家风险治理的综合框架。

从语义学角度看，风险治理是风险管理更为具体化的一种表述，更强调多元主体之间的沟通[①]。国际风险管理理事会（International Risk Governance Council，IRGC）提出的定义是：风险治理在更大的背景里处理风险的识别、评估、管理和沟通[②]。风险治理分为两个阶段：分析和评估风险、采取应对措施。国际风险管理理事会认为风险治理框架包括四个相互影响的阶段和风险沟通。

（1）评估准备（pre-assessment）阶段。对风险进行早期的预警和对风险进行问题建构。这个阶段的主要任务有：识别风险和机遇的定义，厘清评估的范围；识别利益相关者并梳理出对问题定义和建构产生的影响；梳理评估风险的现有科学/分析工具；梳理当前的法律、行政等规定对问题产生的潜在影响。

（2）分析阶段。风险分析阶段包括科学风险评估（a scientific risk assessment）和关注点评估（a concern assessment）。科学风险评估包括如下主要内容：梳理潜在的破坏负面结果，判断风险出现的可能性和概率，预判这些破坏性产生和扩散的机制，以及是否具有可逆转性，分析能否形成因果关系，总结评估需要运用的知识；判断主要的和次要的收益和机会，列举潜在的副作用。关注点评估包括：识别公众关注点和认知，判断社会回应风险的方式，判断政治动员或潜在社会冲突的可能性，理解当下的治理体系以及媒体对公众关注点的定义。

（3）风险的类型化与估算（characterisation and evaluation）阶段。这个阶段的核心点是把科学分析与社会价值观结合在一起，对风险进行分类。按照特征来看，风险分为三类：可接受的风险（削减风险被认为是不必要的）、容忍的风险和不可容忍的风险。对于不可容忍的风险采取风险补充或削减的应对措施。

（4）风险管理阶段。这个阶段涉及设计并采取行动以有效应对风险，包括风险的避免、削减、转移或留存。其主要内容有：采取决策的主体承

① 国际风险管理理事会，强调风险治理过程中利益相关者和民间组织参与非常重要。参见：http:// www.irgc.org/ risk-governance/irgc-risk-governance-framework/[2015-10-18].

② 参见：http://www.irgc.org/risk-governance/irgc-risk-governance-framework/[2015-12-15].

担风险化解的责任，技术、管制、制度、教育、补充的管理工具设计，对这些措施进行评估和优先性排序，风险应对措施带来的次生风险的评估，风险应对措施长期效果的评估。

（5）沟通。有效沟通在风险管理中是建立信任的关键。通过有效的双向沟通，利益相关者、公众和民间组织等能够理解并认识到在风险治理中的作用，并给这些行动者充分的发表意见的机会，为风险决策提供理性的、公开的讨论和协商机制。沟通过程不仅是社会公众和官方的信息交换，而且还是公众表达需求、偏好、谈判和协商的过程。这是对关注点评估的主要路径。

依据中共中央办公厅和国务院办公厅的《关于建立健全重大决策社会稳定风险评估机制的指导意见》①（中办发 2012 年 2 号文件，简称文件），来评析社会稳定风险评估与风险治理的关系。该文件力图把社会稳定风险评估转化为风险治理的框架。文件强调了对社会稳定风险的全面分析论证和查访并重（预防和化解社会矛盾），这与部分地区在实践中不同，突出了风险管理的环节。

在评估准备阶段，文件列举了六大领域（征地拆迁、农民负担、国有企业改制、环境影响、社会保障、公益事业）和其他对社会稳定有较大影响的重大决策事项，并进一步明确了评估主体。通过对合法性方面的评估，来梳理党政机构的行动工具。

在风险类型化和估算阶段，文件在评估的合理性方面提出了可能导致风险的因素；在全面分析论证环节提出类比法寻找社会稳定风险，并要求研判风险的概率，对矛盾的持续时间、人员数量等提出预判。在风险估算方面，文件提出了风险的高、中、低三类。

在风险管理阶段，文件在提出评估报告环节要求有“对策建议，风险防范和化解措施以及应急处置预案等内容”；在决策实施跟踪环节强调“预防和化解社会矛盾”等。

对于风险沟通，文件首先强调党政机构各个职能部门相互协同，在评

① 参见：http://wenku.baidu.com/link?url=ycXfWQ1OCC8uOLGrtMWPv7GvI-hY02Z7QuMoZWSEb-xW-dL-v5RDzTT9EGCPtY67NqQzbifmPVZ7R5lC80e_g_Fodig8_mm_pP3evJMudtK [2015-12-13].

估程序首要环节要“充分听取意见”，采取多种形式推动公众参与，而且还关注到双向沟通，要求“讲清决策的法律和政策依据、决策方案、决策可能产生的影响”。

依据上述的对比分析，可以得出一个基本结论：当前我国推行的社会稳定风险评估机制，不仅仅是风险评估，而是力图构建一个相对完整的风险治理框架，全面推进地方党政机关公共决策过程的转变。

依据这个基本结论，反过来来检讨我国社会稳定风险评估流程和机制设置，还存在着三个方面的问题：第一，需要更加重视对关注点的评估，社会公众与地方官员对风险感知的差异，往往是爆发群体性事件的肇因和导火线；第二，当下决策风险所带来的社会群体分布强调不够，成本和收益在不同社会群体之间的分布往往决定社会动员模式和结构，以及涉及风险的人群数量；第三，尽管已关注到沟通的重要性，但没有把沟通放置到社会稳定风险评估整个流程的核心地位。简要地说，在风险治理框架内，以沟通为核心，分析人群的社会心理的变化和群体行动能力。换言之，需要评估风险演变动力和机制。

第二节　演变动力评估

社会稳定风险是一种主观风险，特定人群对风险感知而采取的群体性行动，其核心点是对人群及其行动能力进行分析和评估。这也是它与环境、生态、自然环境等风险评估区别点之所在。决策结构、过程与政策变迁引发社会稳定风险的来源是科学评估的内容，或者说是对结构因素的分析；而对风险演化的动力与演变机制的评估则是关注点评估的内容，或者说是对人群的预期、激励和情感因素的分析。当前在我国重大决策社会稳定风险评估实践中都普遍缺乏对风险演化动力与演变机制方面的评估，往往导致形色多样的评估缺乏针对性和有效性。科学风险评估回答了风险来源，而关注点评估回答了风险出现的概率以及可能带来的后果。

主观风险来源于特定人群的社会心理变化。从宏观的国家与社会双重转型来看，价值观转变、官方与民众关系紧张、干部与群众情感疏远，以及合法性资源的流失、信任程度的下降等都是引发社会群体性事件的背景因素。另外，随着中国市场经济逐步成熟和全球一体化程度的提升，经济社会的自由和权利在呈现出爆发式的增长，而国家治理体系和治理能力并没有呈现出同步的增长趋势。在演化动力与演变机制层次，这些是影响因素而非直接的因果关系因素。特定时间、空间和具体的政策领域内，特定的人群社会心理和激励机制往往成为事件的演化动力，而沟通和政府应急措施针对性往往是事件演变的机制。

对社会运动或群体性事件中人的行为关注有着比较悠久的学术传统[①]。但是一直没有成为学术的主流话语。按照詹姆斯 M.贾斯珀（James M. Jasper）的总结：直到 20 世纪 60 年代，观察者在关注抗议者的情感时，通常认为这些人是非理性或不成熟的；20 世纪 60~90 年代，分析家们通常拒绝所有的情感分析，假定抗议者是理性的；20 世纪 90 年代以来，社会运动理论家们开始对情感和认同之类的社会心理因素对抗议者行为选择的影响进行了深入的探讨[②]。

群体性行动中人的行为是社会稳定风险演化的动力机制，其原因在于不仅社会风险是主观性认知的结果，而且风险与人群聚集和行动直接相关。对人的行为关注是从理性和情感（非理性）两个层次有机结合才有可能构建出合理的解释框架。从动机与激励层次来看，人群行为的选择来源于对成功的预期。预期是建立在成本和收益的计算基础上的。个性特征、边缘化和抱怨等机制都是人的行为预期增强动力。在情感层次荣誉、归属、好奇等对群体性行动有着催化剂的作用。

在当下中国群体性行动中，参与者的典型预期包括四个方面：第一，

① Bert Klandermans. Mobilization and participation：Social-psychological expansions of resource mobilization theory. American Sociological Review，1984，49（5）：583-600.

② James M. Jasper. Emotions and social movements：Twenty years of theory and research. Annual Review of Sociology，2011，37：285-303.

预期群体性行动一旦点燃，参与的人会不断增多，旁观者、弱势群体、处于不同立场的媒体、部分社会精英等会源源不断地加入，特别是在网络舆论的不断放大作用下，参与者的数量会不断地增多。这是参与者数量的预期。第二，人数的增多，在“闹大”的心理作用下，群体性行动带来的博弈能力有可能得到提升，成功的概率就大。这是对成功的预期。第三，在合法与非法边缘中采取的过激行为，能够引发社会同情，引发境内外舆论的关注，引发更高层级的领导重视，从而激励行动者采取更为大胆的行为，试探地方政府的底线。似乎每一个参与者都有可能从群体性行动中获益。在敏感地点和关键时间点上，对于那些只能一次性参与的人来说，更愿意选择采用集体行动的方式来获得更多的利益（超出通常社会接受的标准）。这是对个体收益的预期。第四，受制于我国地方党政部门的依法决策、科学决策和民主决策的水平限制，群体性行动的参与者都能够或多或少地发现或找到地方决策过程在程序上的“瑕疵”，因此参与者预期或假定决策者存在着失误，在社会舆论和公共价值上具有道义优势。这是对道德感和正义感的预期。

预期的实现就是满意。满意是理性选择和主观情感两者的混合物。预期与现实之间的差距就是失望。差距有可接受和不可接受的，对于失望的结果，有的是可以容忍的，有的则不可容忍。对于不可接受的差距，通常为特定人群采取更为激烈的行动提供内在激励机制，成为社会稳定风险演化的动力系统。早在 20 世纪 60 年代，美国政治科学家詹姆斯 C.戴维斯（James C. Davis）就提出了戴维斯 J 曲线（图 6-1），用预期与现实的差距解释社会动乱和革命的原因①。

情感并非是独立发挥作用的，它是预期与现实差距形成不满意的催化剂，同时情绪的宣泄也是大规模群体行动提供的负面能量的一种释放。诚如詹姆斯 M.贾斯珀所认为的，情感既是目的又是手段②。贾斯珀在对近 20 年来的研究成果评论时发现，社会集体行动中的情感主要分为三类：

① James C. Davis. Toward a theory of revolution. American Sociological Review，1962，27（1）：5-19.

② James M. Jasper. Emotions and social movements：Twenty years of theory and research. Annual Review of Sociology，2011，37：285-303.

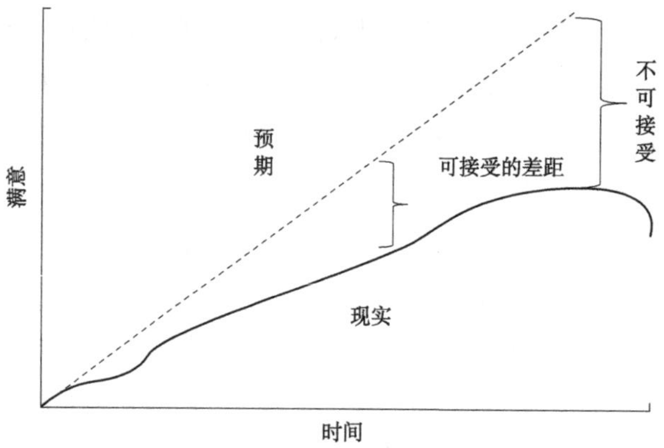

图 6-1　对戴维斯 J 曲线的修改

荣誉感（reputation）、社会关联感（connection）、感性刺激（sensuality）。荣誉感体现在群体性行动为个体提供了一种被承认感，一种自豪感，使长期的不满和愤懑得到一种释放。这就是通常所说的“群体性行动是弱者的武器”。社会关联感是指个体化进程中孤独感和无助感促使个体寻找一些社会归属，需要建立起与社会交往的纽带。群体性行动是个体寻找社会联结的一种方式，如老乡会和地域纽带构成的社会交往网络在很多群体性事件中都发挥着相当突出的纽带作用。感性刺激是群体性行动中最为突出的情感，喧嚣、喊口号、声势浩大的游行队伍等都是感性刺激的表现。在激烈和激动人心的群体性行动中，情感通过动作、声音、互动、仪式等成为表达的手段，如同足球场上的球迷一样。情感性的表达往往能够进一步扩大群体性行动的声势，吸引更多的旁观者加入，提高成功的预期。简要地说，群体性行动的演变动力是理性选择与情感相互作用，相互增强。

第三节　演化机制的评估

对社会稳定风险演化机制的评估实质是探究社会群体性行动的演变

阶段，不同阶段之间呈现出一定的序列（sequence）关系。不同理论对演变阶断和序列关系的分类存在着差异，典型的理论有社会运动理论、危机与应急管理。社会稳定风险演化机制是建立在上述两个理论基础之上的。

在应急与危机管理框架内，社会群体性事件属于社会安全突发事件，其演变分为五个阶段：潜伏期、暴露期、上升期、持续期、下降期，构成了一个周期。应急管理关注的焦点是对社会群体性事件持续期的应对，实质上是管控型维稳模式的集中体现，针对群体性事件已经发生后按照应急预案启动的应急机制，并没有关注到演变的内在动力。在这个意义上说，社会稳定风险演化机制的评估是针对潜伏期、暴露期和上升期这些阶段里群体性事件演变的分析。

社会运动理论更加关注群体性行动演变的内在动力。西德尼 G.塔罗在《流动的权力：社会运动和抗议政治》（*Power in Movement：Social Movements and Contentious Politics*）中用“抗议的周期”来研究社会运动的机制和过程。动员（mobilization）和去动员（demobilization）是群体性行动演化机制的基本要素。动员过程主要有四种方式：挑战者和旁观者都在解释当下正在发生的局势——他们建构抗议的领域；挑战者和旁观者都在感受到这些过程的机遇和威胁；挑战者和当局都在尽其所能地利用机遇并规避威胁；挑战者用新的花招来吸收支持者并给当局以压力，而当局则采取反制措施[①]。去动员有五种方式：压制，或普遍的方式是控制抗议，也采取对立措施；引导，满足抗议者一些基本的要求，让其从斗争中撤退；冷处理，让抗议者在街头筋疲力尽或让其对运动中的集体生活感到厌烦；激进化，改变社会运动的组织程度，提升运动的激烈性；制度化，把一些社会运动的组织吸收到常规政治框架内[②]。简要地说，动员与去动员的方式同时也构成了抗议运动的阶段和周期。

2012 年，经济合作与发展组织（Organization for Economic Co-

① Sidney G. Tarrow. Power in Movement：Social Movements and Contentious Politics. Revised and Updated Third Edition. Cambridge：Cambridge University Press，2011：188-189.

② Sidney G. Tarrow. Power in Movement：Social Movements and Contentious Politics. Revised and Updated Third Edition. Cambridge：Cambridge University Press，2011：190.

operation and Development，OECD）的风险管理与政策评论《社会不稳定》（*Social Unrest*）对社会稳定风险演化机制提出了四个阶段模式：沟通的不满意—组织化—动员—有组织的暴力①。这个分析模式具有三个方面的分析优势。第一，强调每一个阶段之间的相关性，前一个阶段是后一个阶段的必要条件，每一个阶段都有相互作用的两个对立力量——强化机制和去强化机制；换言之关注到官方与抗议者力量的动态博弈。第二，建立起社会抗议的程度和抗议行动两个维度分析框架，抗议行动具有连续性特征，抗议的程度逐步提升。第三，强调了演化机制具有扩散性和溢出性特征，初始的状态和后期状态无法形成一一因果关系，具有开放系统的特征。

在社会稳定风险治理框架内来分析社会群体性行动演化机制需要吸收上述研究的成果，以中国背景里群体性行动的个案分析为基础，提出对四类演化机制的评估。演化机制的分析围绕着群体性行动的类型与选择机制和不稳定程度两个维度展开（图 6-2），核心是人群与官方之间的互动。

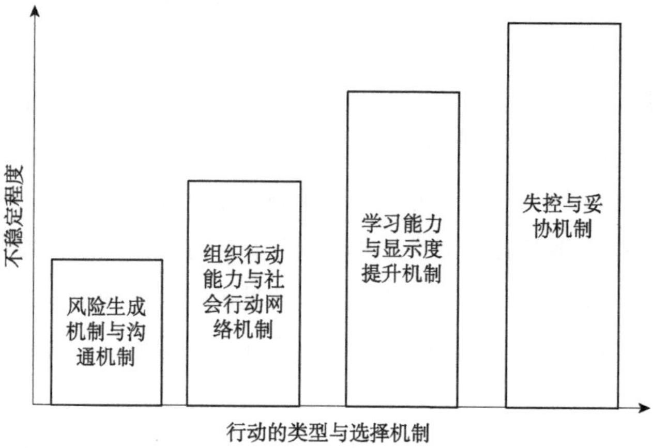

图 6-2　风险演化机制

四类演化机制分别是：风险生成机制与沟通机制、组织行动能力与社会行动网络机制、学习能力与显示度提升机制、失控与妥协机制。

① Aleksandar S. Jovanovic'，Ortwin Renn，Regina Schröter. Social Unrest. OECD Publishing，2012：42-51.

风险生成机制与沟通机制。几乎当下所有的群体性事件都是从小规模的信访、上访或网络舆论开始的。在风险生成机制阶段，政府与特定人群之间的沟通几乎都是失败的。特定人群的预期与政府行为的现实存在着巨大的差距，差距过大引发了风险；沟通失灵是风险不断增强的演化机制。

组织行动能力与社会行动网络机制。群体性事件的演变与风险增强与组织行动能力密切相关。现代通信技术和信息技术的发展，改变了传统的组织动员方式。通信和信息技术减少了空间距离对交往的约束，提升了组织行动能力。特别是交流社区、微信等强化了信息扩散和传播。由于政府与民众沟通机制的不畅，导致不良信息片面扩散。不良信息不断提升行动者的预期，荣誉感、社会关联感等涌现出来。社会行动网络机制是组织行动和动员可供利用的资源。市场经济推动人力资源配置的市场化，人口快速的自由流动改变城镇空间里人与人交往的方式和网络。以地缘、血缘、业缘、学缘、网缘等为基本纽带的社会行动网络进一步提升了以利益诉求为目的的社会行动的能量和规模。对组织行动能力与社会行动网络机制的评估是当前研究社会稳定风险评估中薄弱的环节。行动能力的强弱和行动网络的规模都直接决定了群体性行动的走势。

学习能力与显示度提升机制。一个地方社会群体性行动取得了成功会鼓舞另一个地方民众采取类似的方式，社会运动理论用滚雪球和传染机制来比喻各类运动之间的相互学习。例如，化工类的 PX 建设项目、垃圾焚烧厂项目、征地拆迁等群体性行动是群体性行动相互学习的表现。相互学习是社会稳定风险演化的一种扩散机制。群体性行动取得成功的预期还需要提升行动的显示度。现代信息扩散和媒体市场化、表达的自由化推动了群体性行动的显示度和可视度。网络带来的全球信息自由快速流动，以及国际舆论的压力都推动了群体性行动追求一定的显示度。网络技术能够进行现场同步和高清晰的直播，激励群体性行动采取更为激烈的手段和方式，而传统的管控型维稳方式常常处于被动的两难境地。现场处置的情景和画面都能够及时向海内外传播。显示度提升机制也导致了官方和特定人群沟通失灵。参与群体性行动的人群对成功的预期大增。

失控与妥协机制。几乎所有的群体性行动都会导致场面的失控，既超出官方的预判也出乎组织者的预料。各类复杂的社会力量在运动中各怀不同的目的，场面的失控往往导致官方采取几乎是“极化”的方式来处理，在采取管控方式的同时又最大限度地满足抗议者的诉求，如中止建设项目或中止政策的执行等。社会稳定风险评估需要有针对性地解决失控局面的出现，切断失控机制的蔓延。

第四节　演化机制评估实践

本章从决策、政策变迁和政策缝隙三个方面分析了社会稳定风险的结构来源。在风险治理的框架内，以信息沟通为关键点分析了社会稳定风险的演化动力与演化机制的社会心理来源。当下的社会稳定风险评估机制在操作过程中，已初步关注到关注点和人群心理状态的评估，但是还没有进行系统和规范化的制度安排设计。在具体评估案例中，这方面的分析和研判都比较缺乏。在实证分析部分，以当下的社会稳定风险评估的制度安排中人群心理方面的规定为起点，结合两个具体案例，分析存在的问题以及如何进一步完善对社会稳定风险演化动力和机制方面的评估。

中共中央办公厅《关于建立健全重大决策社会稳定风险评估机制的指导意见（试行)》(中办发〔2012〕2号）是当前最全面的指导性文件。该项制度安排与地区试行多种方案相比，突出了官方与人群之间的多层次、多方位、多渠道的沟通重要性，开始探索基于风险治理的社会稳定风险评估框架。对于社会稳定演化动力和机制方面的评估，体现在以下四个方面。

第一，评估内容的合理性方面，强调了所进行的决策事项，文件指出“会不会引发不同地区、行业、群体之间的攀比”。攀比是一种典型的人群社会心理状态，它是把理性选择和情感认知结合在一起。

第二，评估内容的可行性方面，文件指出“决策方案是否充分考虑了群众的接受程度，是否超出大多数群众的承受能力，是否得到大多数群众的支持”。这些既是对人群的预期进行评估，又是关注到风险的生成机制进行预判。

第三，评估内容的可控性方面，文件指出“决策事项……会不会引发社会负面舆论、恶意炒作以及其他影响社会稳定的问题”。这是群体的组织行动能力的评估。

第四，评估程序的全面分析论证阶段，文件指出“参考相同或类似决策引发的社会稳定风险情况，预测研判风险发生概率，可能引发矛盾纠纷的激烈程度和持续时间，涉及人员数量……”。这些是社会稳定风险演化的学习能力和显示度提升机制和失控机制的评估。

按照演化动力与演化机制的理论解释，上述的制度安排规定基本上涉及。但从动态演化的角度看，对演化的四类机制相互作用和逐步增强等方面的关注还不够。在理性选择与情感结合的演变动力上对情感因素的关注还不够。

这些制度安排能否在实践中得到应用？选取两个地方决策类社会稳定风险评估进行解剖。一个是在中央文件出台前，属于先行试点地区；另一个评估案例是在中央文件出台后，属于自上而下要求进行社会稳定风险评估。

J 省是我国经济发达的地区，在 2008 年就开始进行社会稳定风险评估的试点，并制定了相对完善的制度安排。W 市经济发展程度高，它是 J 省最早进行试点的地级市。2011 年 3 月，该市卫生局启动了“关于公共卫生与基层医疗卫生事业单位实施绩效工作的社会稳定风险评估”，属于决策类评估[①]。由于实施绩效工资的对象为公共卫生与基层医疗卫生事业单位的正式工作人员，属于对特定人群进行利益调整，利益调整幅度过大必然引发其他社会群体的利益，从而形成政策缝隙，聚集成社会稳定风险源。据统计，截至 2010 年 10 月底，W 市基层医疗卫生事业单位有在职职工 9034 人（含转改制乡镇卫生院）、退休职工 3742 人；全市公共卫生事业单位现有在职职工 2761 人（含市精神卫生中心、传染病医院、市妇儿保所）、退休职工 1272 人。该评估报告对卫生系统八类不同社会身份的群体进行了分析。这八类分别是：转改制乡镇卫生院人员，参照二级医院

① 资料来源：作者调查。

管理单位人员，部分承担公共卫生职能单位人员，公共卫生与基层医疗卫生事业单位编外人员，乡村医生，市（县）、区卫生监督所工作人员，尚未纳入此次绩效工资改革的其他卫生事业单位人员，少部分收入降低人员。对八类人员与公共卫生与基层卫生事业单位的正式工作人员之间在绩效工资实施后的差距进行了估算，并关注到八类人员的心理不平衡，因此需要在源头上来弥补政策缝隙，从而实现社会不稳定的源头治理。评估报告也关注到宣传教育、沟通，以及涉及改革人群的思想动态等。对于失控机制的评估，报告提到了“全面了解掌握各类问题涉及的单位数量、人数规模及重点人员，深入做好思想疏导……”。

ZH 省是我国民营经济高度发达的地区，于 2009 年开始县（区）社会稳定风险评估的试点工作。WEN 市民营经济更为发达。2012 年 10 月，WEN 市启动了“市区公交经营体制改革社会稳定风险评估”，属于决策类评估[①]。该评估对现状进行了分析：市区现有城乡巴士经营企业 12 家、巴士运力 518 辆，企业所有约占总车辆的 30%，个人所有约占总车辆的 70%，涉及的员工为合同管理，采用法律方式来解决。评估报告的最大亮点是梳理出影响社会稳定的六类矛盾并提出了针对性的措施。六类矛盾有：①实际收购价格与被收购方心理预期之间的矛盾，34 条线路经营效益有差别，估值存在着差异，平衡点的选择非常重要；②线路经营权取得的形式不同造成经营者之间的矛盾；③市民出行需求与公交线路布局的供需矛盾；④承包经营人与车辆权属人的承包合同解除矛盾；⑤从业人员安置就业的矛盾；⑥新增 100 辆出租车可能引发出租车驾驶员、车主和承包人的一些利益诉求，以新增车辆会影响原有出租车营收为由，要求维持现有出租车数量。评估报告还对显示度提升机制进行评估，指出“加大正面宣传力度，积极应对负面舆情”“关注与此相关的网络舆情和媒体导向，防止媒体舆论的负面炒作”。这些矛盾以及相应的措施后来成为政策制定的参考依据之一[②]。

上述两个案例与中央文件所要求的社会稳定风险评估相比，对社会稳

① 资料来源：作者调查。

② 参见：温州市人民政府办公室《关于印发温州市区公交经营体制改革实施方案的通知》，温政办〔2012〕189 号，2012 年 11 月 7 日。

定风险聚集的结构性因素，如政策缝隙、社会矛盾冲突点及负面舆论关注比较多；同时也关注到沟通的重要性。但是对人群社会心理、社会稳定风险的演化动力与机制关注不够。案例说明当前社会稳定风险评估中存在着明显的薄弱环节，对人群关注点的风险分析不够，同时它还与学术研究不足密切相关。

本章小结

本章在社会稳定风险评估运行机制方面，基于社会风险治理框架，阐述了风险沟通的重要性。风险沟通不是简单的信息交流与交换，而是社会不同人群的利益诉求表达、偏好形成与表达、理性选择和情感的表达。在风险沟通层次上，聚集社会稳定风险的结构因素分析与人群关注点的分析同样重要。理性选择与情感聚合成社会稳定风险演化的动力。风险的演化机制包括风险生成机制与沟通机制、组织行动能力与社会行动网络机制、学习能力与显示度提升机制、失控与妥协机制。从基于风险演化的动力与机制的形成视角，我们来观察和分析当前社会稳定风险评估实践。中央文件相对比较全面地关注到社会稳定风险演化的动机与机制的规定，但在实践中，在对两个案例分析的基础上，对演化动力与机制的评估明显不足。

第七章

制度安排与风险测量

风险测量与估算是社会稳定风险制度安排有效性的基础。只有在科学的测量与估算基础上才有可能针对性地采取应对措施，从而提升社会稳定风险制度安排功能的有效性，保持制度的活力和吸引力。定性和定量的测量方法是社会稳定风险评估的两个轮子，这是社会风险与其他类型风险的明显差异。定性测量来自主观的预测与判断，如对人群的社会心理、行动能力及各类关注点的主观判断。定量测量是对于各类客观性指标的计算，如空间维度的利益相关者识别与风险测量、生命周期的风险测量、政策缝隙的风险测量、人群行动能力的测量与风险估算。本章从主观和客观两个方面建立风险测量指标与估算的方法。

第一节　风险测量基本原理与指标筛选

从社会稳定风险评估机制实施以来，对风险测量指标的建构与计算就是讨论的焦点。当前风险指标的建构和测量建立在两个数据来源上：一个是维稳一线的工作人员的认知与判断；另一个是对利益相关人群同意与否的调查。诚然当前实践领域的探索是为社会稳定风险测量的基本原则与指标的科学探索提供反思的基点。构建科学合理的风险测量指标还需要从学理层面讨论社会稳定风险评估指标设置的基本原则。

一、风险测量的基本原理

社会稳定风险评估是社会影响评价、风险管理与以社会抗争为特征的冲突管理三者的结合，其基本原则就是把影响评价、风险预测和社会冲突的测量进行整合。

把社会影响评价与风险管理结合在一起在理论上具有可能性[①]。通过对社会影响评估的基本理论梳理和对社会风险评估的核心要点的阐述，发现两者在逻辑上具有一定的相同性，从而进一步提升对工程、规划、政策等方面的科学评估，提升决策质量。社会影响评估的立足点是对后果的认识和识别，而风险评估是寻找到因果关系链条[①]。社会影响分为四类：预期的积极影响、预期的消极影响、未预期的积极影响、未预期的消极影响。而社会风险分为四类：低可能性高影响、低可能性低影响、高可能性高影响、高可能性低影响。从这两组分类中构建出社会影响评价和社会风险管理联结起来的分析框架，如表 7-1 所示[①]。

表 7-1　社会影响评价和社会风险评价结合的必要性

社会风险评价	社会影响评价			
	预期的积极影响	预期的消极影响	未预期的积极影响	未预期的消极影响
低可能性高影响	++	++	++	++
低可能性低影响	0	0	0	0
高可能性高影响	+	+	++	++
高可能性低影响	0	0	+	+

资料来源：作者整理。
注：++高度必要；+中度必要；0 不必要。

依据上述的分类，高度和中度的必要区间是两者结合的逻辑上关联点。有的学者用风险的社会影响评价（risk social impact assessment，RSIA）来指代两者的结合，从而构建新的分析框架。

把社会影响评价纳入到冲突管理是一种新的探索[②]。其目的是通过影

① Hossein Mahmoudi，Ortwin Renn，Frank Vanclay，et al. A framework for combining social impact assessment and risk assessment. Environment Impact Assessment Review，2013，43：1-8.

② Paula V. Prenzel，Frank Vanclay. How social impact assessment can contribute to conflict management. Environmental Impact Assessment Review，2014，45：30-37.

响评价的工具和方法来提升对社会冲突的预防、管理和解决的能力。两者的结合构成了冲突敏感性的社会影响评价（conflict-sensitive social impact assessment，CSSIA）分析框架（由于社会稳定风险评估的实质是对社会矛盾和冲突的一种评估）。在冲突敏感性的社会影响评价分析框架内，社会影响具有多种结果，其中有一种类型的结果是引发了社会冲突。社会影响评价还为社会冲突的解决提供了沟通、谈判、参与机制，建立对社会冲突动态监控和不满的抱怨机制①。在环境冲突和城市规划土地冲突等领域已运用社会影响评价来分析②。运用社会影响评价来对环境冲突进行分析，导致环境冲突的可能原因有：环境变化（诸如全球气候变暖）、种族-政治的差异、资源获得的差异、弱势群体的被剥夺等③。

基于上述的研究脉络，社会稳定风险测量的基本原理是把社会影响评价、冲突管理与风险管理三者相互整合成一个新的分析框架（图 7-1）。A 代表社会影响评价，B 代表风险管理，C 代表冲突管理，D 代表三者的交叉点，即社会稳定风险评估。

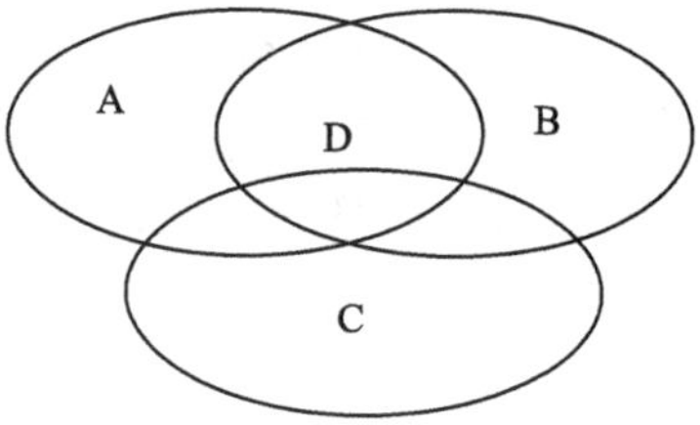

图 7-1　社会稳定风险测量的基本原理

二、风险测量的指标筛选

尽管社会影响评价指标存在着差异，但在一些社会影响基本层次上还是存在着一定的共识，如对人群的生活方式、文化、社区、环境、健康与

① Paula V. Prenzel，Frank Vanclay. How social impact assessment can contribute to conflict management. Environmental Impact Assessment Review，2014，45：30-37.

② C. J. Barrow. How is environmental conflict addressed by SIA. Environmental Impact Assessment Review，2010，30：293-301；Lasse Peltonen，Rauno Sairinen. Integrating impact assessment and conflict management in urban planning：Experiences from Finland. Environmental Impact Assessment Review，2010，30：328-337.

③ C. J. Barrow. How is environmental conflict addressed by SIA. Environmental Impact Assessment Review，2010，30：295.

福利、个体权利和产权、恐惧和希望等（表 7-2）。①

表 7-2 社会影响评价指标对比

		Burdge 列举的 26 个指标	
人群特征	1.当前的人口与预期的变化	人群特征（人口影响）	1.人口变化
	2.民族和种族的多样性/分布		2.年龄、性别、民族和种族的构成
	3.迁移的人口		3.迁移的人口
	4.临时工人的流入或流出		4.临时工人的流入或流出
	5.季节性的居民		5.季节性（休闲）居民
社区和组织结构	6.自愿结社	社区和组织结构（公众卷入）	6.对工程的态度（自愿结社）
	7.利益团体的活动		7.利益团体的活动
	8.地方政府的规模与结构		8.地方政府的规模和结构变化
	9.变革的历史经验		9.当前的规划和空间分区活动
	10.就业/收入特征		10.工业/商业活动
	11.少数民族就业的平等性		11.对经济不平等的改进
	12.地方/地区/国家的联结		12.少数民族就业的平等
	13.工业/商业活动		13.就业机会的变化
	14.规划和区域活动		
政治和社会资源	15.权力与权威的分配	地方居民与外来者的冲突	14.外部的行动者
	16.利益相关者的识别		15.新的阶级出现
	17.利益和受影响方		16.社区商业/工业关注点的改变
	18.领导力和特征		17.弱势居民
个体与家庭的变化	19.对风险、健康与安全的认知	个体与家庭的变化（文化影响）	18.日常生活和活动方式的影响
	20.关注点的变化/重新定位		19.宗教活动的差异
	21.对政治和社会制度的信任		20.家庭结构的变化
	22.居民的稳定性		21.社会网络的瓦解
	23.居民的交往密度		22.公众安全和健康的认知
	24.对待政策/工程的态度		23.休闲机会的变化
	25.家庭和朋友的网络		
	26.对社会福利的关注度		
社区资源	27.社区结构的变化	社区资源（基础设施的需要）	24.社区基础设施的变化
	28.土著居民		25.土地的获得和处置
	29.土地使用方式		26.对公布的文化、历史和遗产资源的影响
	30.对文化、历史和遗产的影响		

资料来源：作者整理。

① Frank Vanclay. Conceptualising social impacts. Environmental Impact Assessment Review，2002，22：183-211.

在风险管理框架内对社会风险测量主要是围绕着可能性和风险接受性来进行测量的。风险既是客观结构性的产物也是主观性认知的结果。客观性强调的是因果关系机制，主观性强调的是抱怨、沟通和参与机制的作用。风险测量的首要任务是建立可能性-结果之间的分析模型（表 7-3）。

表 7-3 风险模型

可能性 后果	1 不可能（improbable）	2 微小（remote）	3 可能（possible）	4 偶然（occasional）	5 常态（fairly normal）
惨重（catastrophic）					
严重损失（severe loss）					
重大损失（major damage）					
损失（damage）					
微小损失（minor damage）					

资料来源：Marvin Rausand. Risk Assessment：Theory，Methods，and Applications. Hoboken：Wiley& Sons，2011：101.

风险模型旨在对不同类型的风险与后果之间建立起分析框架。把后果与社会影响结合在一起，风险评估关注的是消极影响。对风险评估一般构成要素还需要进行进一步的分类。国际风险管理理事会对风险评估的构成要素做了三个层次的划分：危险的识别与估算、暴露/脆弱性评估、风险估算（表 7-4）①。

表 7-4 风险评估的构成

评估的构成	定义	指标
危险的识别与估算	认识到潜在的消极影响并评估因果关系的强度	诸如可燃性等特性
		持续
		不可复原
		空间的分布
		初期的事件和破坏性后果之间的时间
		危害的潜力
		诊断-回应的关系

① IRGC（International Risk Governance Council）. 2005. Risk Governance—Towards an Integrative Approach，White Paper no 1，O. Renn with an Annex by P. Graham，IRGC，Geneva，Switzerland，29.

续表

评估的构成	定义	指标
暴露/脆弱性评估	扩散、暴露的模型以及对风险目标的影响	暴露的路径
		目标行为的常态化
		目标的脆弱性
风险估算	定量：消极影响的可能性分布	预期风险的价值（个体或集体）
		间隔的比例
		风险描述
	定性：把定性因素、危险和暴露结合在一起（如情景建构）	在背景变量和范围内的风险模型的变化函数

资料来源：作者整理。

社会稳定风险评估还涉及人群关注点和风险感知的评估。雷恩（Renn）和罗尔曼（Rohrmann）开发出风险认知四个相互关联的层次：信息处理解释层次、认知-情感因素层次、社会-制度层次、文化背景层次[①]。信息处理解释层次包括集体解释和个体的共同意识。认知-情感因素层次包括参考的知识，个人的信仰、情绪、烙印。社会-制度层次包括组织约束、经济和政治结构、媒体的影响、社会-经济的地位、社会价值观和信任、个人价值观和利益。文化背景层次包括文化制度、政治、社会和经济的文化、个人认同、世界观。风险感知的层次性为社会稳定风险评估指出了新的关注方向。

根据因果关系强弱度可以把风险划分为四类：线性风险问题（因果关系比较清晰化）、复杂性风险（因果关系具有多重性和网络形状，相互交杂）、不确定性风险（缺乏可靠的或可信的因果关系知识）、模棱两可的风险（对风险及其风险容忍度存在着对立的看法）[②]。风险类型的差异导致风险应对措施明显不同。

从学理层次来看，社会稳定风险属于社会风险，焦点在稳定或秩序；换言之影响到社会有序运转的风险，影响到公共秩序的风险。从当下政府管理实践来看，社会稳定具有特定的含义。

① Renn O，Rohrmann B. Cross-cultural risk perception research：State and challenges//Renn O，Rohrmann B. Cross-Cultural Risk Perception：A Survey of Empirical Studies. Dordrecht：Kluwer Acadtminc，2000：211-233.

② Ortwin Renn. Risk Governance：Coping with Uncertainty in a Complex World. London, Sterling: Earthscan: 165.

风险具有相关关系属性，社会稳定风险评估解决源头治理的关键是评估影响风险的因素。对影响风险形成的因素分析是评估的内容之一。当前对冲突风险影响因素的分析，一些国际组织提出三个层次的分析框架：①结构/根本原因（structural/root causes）：在政策、结构或社会构造中普遍存在的因素，这些是社会冲突的前提条件。②近因（proximate causes）：根本原因的表征化和具体化，并有可能导致冲突的进一步升级。③触发因素（triggers）：导致冲突形成的单个行为、事件或预期，并导致冲突升级①。

第二节　风险测量指标建构

社会稳定风险指标建构分为三个层次：社会影响指标、风险形成指标、风险类型和概率。这些指标相互作用后形成的风险后果就是高风险、中风险与低风险。

依据社会影响评价两类指标，结合我国当前社会稳定风险评估的实践和社会稳定风险演化动力与机制，提出社会影响指标（表 7-5）。

表 7-5　社会影响指标

主要领域	指标	说明
人群特征	受影响人群及其占区域人口的比例	
	敏感性人群分布及其行动能力	敏感性指人群的行动能力比较强的
个体与家庭	对待政策/工程态度	
	对安全与健康的认知能力	
	社会交往网络与信息处理能力	

① International Alert. Conflict-Sensitive Business Practice：Guidance for Extractive Industries. p. 4. http://www. international-alert.org/sites/default/files/Economy_2005_CSBPGuidanceForExtractives_All_EN_v2013.pdf.

续表

主要领域	指标	说明
社区与组织结构	民众组织化程度	组织分为党和团组织、民间组织、企业等，以及其他类的组织
	区域人群的就业/收入的差距	差距影响到公平和预期
	利益团体的数量及行动能力	
政府资源	责任部门、决策部门，以及相关部门的整体行动能力	是否有完整的决策、执行和监督体制和机制
	地方政府拥有的可支配财政资源	
	地方政府拥有的信息资源和舆论引导能力	

资料来源：作者整理。

影响风险形成的原因为结构性因素、近因、触发因素、沟通机制四个方面。每个方面由若干指标构成（表 7-6）。

表 7-6　风险形成的指标

主要原因	指标	说明
结构性因素	时间维度的政策缝隙与人群	人群涉及数量与行动能力
	空间维度的政策缝隙与人群	
	不同领域的政策缝隙与人群	
	不同群体的政策缝隙与人群	
近因	同类型决策事项引发的事件	全国范围内的已发生的群体性行动
	区域历史上的群体性行动	
	区域社会稳定风险总趋势	
	民间舆论的态度	
触发因素	决策事项发布的方式与时机的敏感性	
	决策事项信息的公开性和完整性	
沟通机制	官民互动的渠道和方式的开放性和动态性	
	民众表达与维权路径的多层次性	

资料来源：作者整理。

风险类型和概率是从政策或工程的发展阶段出发，对线性、复杂、不确定、含混的四类风险进行本土化转化，划分为显性风险和潜在风险两类。风险概率依照上述的发生可能性划分为五种情况（表 7-7）。

表 7-7　风险类型与概率

类型	特征	指标	风险概率				
			不可能	微小	可能	偶然	常态
显性	原因与后果关系比较清晰 同类事件频繁发生 风险暴露路径形成 区域风险高	可燃性					
		空间分布					
		原因与后果持续时间					
		风险演化路径					
潜在	原因与后果关系不清晰 不同利益相关者风险认知差异大 民间舆论不稳定	国内外宏观形势					
		动态监控能力					
		网络舆情					

资料来源：作者整理。

上述的分析主要是为了确立社会稳定风险等级。在政府实践中，社会稳定风险等级的划分涵盖一系列的要素（表 7-8）。

表 7-8　政府管理实践中的风险等级划分

等级	原则性规定	按征求意见划分	按单次事件参与人数划分	按事件性质划分
高风险	大部分群众有意见、反应特别强烈，可能引发大规模群体性事件	明确反对意见超过33%，反对意见十分激烈，有串联上访、申请游行、扬言采取极端行为等情况	200 人以上	冲击、围攻党政机关、要害部门及重点地区、部位、场所，发生打砸抢烧等集体械斗、聚众闹事、人员伤亡事件，非法集会、示威、游行，罢工、罢市、罢课等
中风险	部分群众有意见，反应强烈，可能引发矛盾冲突	明确反对意见占 10%～33%	20～200 人	集体上访、请愿，发生极端个人事件，围堵施工现场，阻断交通，媒体（网络）出现负面舆情
低风险	多数群众理解和支持但少部分人有意见的	明确反对意见低于 10%	20 人以下	个人非正常上访，静坐、拉横幅、喊口号、散发宣传品，散发有害信息等

资料来源：作者根据中央和部分地区社会稳定风险评估文件总结。

社会稳定风险评估指标构建就是把社会影响指标、风险形成指标、风险类型与概率三者结合在一起。社会影响指标识别出决策事项对社会稳定产生作用的范围，风险形成指标实质上是对风险形成的因果关系机制的评估，风险类型与概率是对风险表现形式和发生可能性的评估。对这三者的综合判断就形成了风险后果的认识（高、中、低）（表 7-9）。

表 7-9　社会稳定风险测量框架

主要内容	社会影响	风险形成	风险类型与概率	风险后果
构成	人群、个体与家庭、社区与组织结构、政府资源	结构性因素、近因、触发因素、沟通机制	显性与潜在，五种概率	高、中、低

第三节　风险测量实践操作

本节从文献评述和研究逻辑角度提出了社会稳定风险测量的框架。该框架是否具有适用性还取决于实践中的运用。风险测量框架走向实践的运用首要的任务是对实践中采用的风险评估框架进行比较、甄别。我们以两个不同地区探索进行风险测量指标化为例，对实践中的方案进行修正。

S 市是最早进行社会稳定风险评估试点的区域。为了推进社会稳定风险评估，2009 年该市发布了《重大决策事项社会稳定风险分析和评估实施办法》，并对重大决策社会稳定风险评估提供了主要参考因素[①]。我们依照社会稳定风险测量框架来探讨该实施办法的主要参考因素或指标设置的科学化问题（表 7-10）。

表 7-10　S 市重大决策事项社会稳定风险评估主要参考因素

类别	序号	主要参考因素	存在以下情况之一的可定为 A 级风险
合法性	1	决策内容是否符合宪法、法律、法规	不符合宪法精神，与相关法律法规有较大出入
	2	决策方式、步骤、时限等程序是否合法	无正当理由改变决策方式、简化程序、缩短时限
	3	应公开的决策是否经听证或公示等必经程序	未按要求进行听证或公示等公开决策程序
	4	是否按规定经过职工（代表）大会等民主程序	未按规定经过职工（代表）大会等民主程序

① 资料来源于作者社会调查。

续表

类别	序号	主要参考因素	存在以下情况之一的可定为A级风险
合理性	5	调整救助保障等标准的决策事项是否与群众基本生活需求相适应	受益程度远不及物价上涨，不能满足困难群众基本生活需求
	6	特定群体受益决策事项可能引发相关或类似群体攀比	部分群体受益造成相关群体的明显不平衡
	7	增加群众刚性支出决策事项理由是否充分、配套的救助保障措施是否及时有效	相关的救助保障措施没有及时跟上
	8	涉及企业裁减分流职工的决策事项，其安置补偿措施是否为大多数职工所接受	大多数职工对安置去向、补偿标准不满意
	9	企业薪酬制度改革是否为大多数职工所接受	管理人员与普通职工收入差距大到大多数职工不接受的程度
	10	企业改革重组方案是否为大多数投资者、债权人、职工等相关利益群体所接受	大多数投资者及相关利益群体对改革重组方案不满意
可行性	11	决策方向是否符合大多数群众意愿	互联网、相关论坛、街谈巷议中反对意见占多数
	12	决策事项所需人财物支撑的持续性	人财物支撑面临较大不确定性，决策事项无法连续实施
	13	增加群众刚性支出的物价调整决策事项是否密集出台	一季度内出台增加群众刚性支出的物价调整决策三项及以上
安全性	14	对群众心理预期、主要想法和意见的掌握程度	对群众心理预期、主要想法和意见基本不掌握
	15	反对意见的理由是否充分	理由比较充分或获得无相关利益群体普遍理解和同情
	16	持反对意见的当事人情绪、言辞激烈程度	当事人扬言采取自焚等极端方式进行抵制

资料来源：作者整理。

对上述四类16项指标进行比较分析。合法性类别的1～4项实质上不应包含在社会稳定风险评估范畴内，因为决策事项的合法性审查，通常由政府法制部门来进行，但应评估决策事项信息的公开性和完整性。合理性的5、7、8、9、10项属于社会风险影响评估中的“态度”“公平”等范畴，6项属于风险形成中的“政策缝隙”范畴。可行性的11项属于社会影响指标中的“态度”范畴，12项属于社会影响指标中的“政府资源”范畴，13项属于风险形成中的“触发因素”范畴。安全性的14项属于社会影响指标中的“态度”范畴，15、16项属于风险类型中的“显性风险”范畴，因果关系路径比较清晰。通过比照，显然目前S市制定的重大决策事项社会稳定风险评估主要参考因素并没有全面反映出社会稳定风险评估事项和指标。

J省C市近年开始大力推进社会稳定风险评估。2013年出台了《C市重大决策事项社会稳定风险评估工作操作指南》（试行）用以规范评估工作。其风险调查内容集中在六个方面（表7-11）。依据社会稳定风险测量框架，对风险调查的内容进行比照研究。

表7-11　C市风险调查内容

调查内容	具体要点
合法性	重大项目建设与规划、政策、规范，以及其他法规的符合性
建设项目的影响	对自然环境、经济发展、就业、文化等多方面的影响
利益相关者的意见和诉求	当面听取意见，分析利益相关者的背景、同质性等
地方政府及其部门、基层政府、基层组织和社会团体的态度	调查这些组织对拟建项目的态度，了解项目所在地存在的社会历史矛盾和社会背景等
媒体对重大决策事项的态度	各类媒体对重大决策事项的意见、诉求和舆论导向
同类项目曾引发的社会稳定风险	调查同类项目曾经引发的社会稳定风险，同类项目的后评价报告，风险的原因、后果和处置措施等。

资料来源：作者整理。

C市上述的六类风险调查，合法性与S市类似，一般来说，不应纳入到社会稳定风险评估的范畴。建议项目的影响中包含了许多非社会影响的内容，大多数参照了建设项目的可行性研究报告，理应聚焦到社会风险层面。利益相关者及各类组织与社会影响指标相一致，并且以关注点为核心。媒体与同类型决策事项引发的群体性事件属于风险类型的近因范畴。

第四节　风险测量案例分析

以S市P区与N区两区合并后征地人员安置新政策风险的评估为案例，分析社会稳定风险评估测量框架在实践中的运用。在论述社会稳定风险评估报告的基础上，运用社会稳定风险评估测量框架进行新的指标筛选和测量。

《P 区重大决策社会稳定风险评估——关于两区合并后征地人员安置新政策风险的评估》（简称《评估》）是由专业机构与主管机构联合完成的。《评估》分为四个部分：①调查背景、过程和方法；②征地人员安置新政策风险评估调查结果分析；③征地人员安置新政策风险预控化解措施及重大风险应对机制；④调查和评估的总结和政策建议。我们重点分析第一和第二部分，有关社会稳定风险评估方面的内容。

《评估》首先汇总归纳新老政策待遇的主要差异（表 7-12）。汇总表梳理出政策的主要影响人群的数量以及新老政策的差异，也就是时间维度上的政策缝隙。

表 7-12　原 N 区征地各类对象及新老政策待遇主要差异汇总

原 N 区征地各类对象	人数	新老政策待遇主要差异
征地劳动力	约 210 000 人	多 3 万元补充养老保险
征地养老人员	约 70 000 人	多 5 万元补充养老保险（每月设定领取 200 元）
征地劳动力已参加城保且原工龄及缴费年限已符合城保退休条件人员	约 2 500 人	多 3 万元补充养老保险
征地养老人员已享受城保退休待遇的	约 2 500 人	原 N 区无经济补偿，新政策按 S 市平均工资给予补偿，目前为 4.3 万元
征地养老人员已符合城保退休条件的	约 2 500 人	新政策安置人员将比原安置人员多 5 万元补充养老保险
精减回乡退职老职工	约 400 人	2005 年 7 月 1 日前后人员政策本来就有差异，新政策中精减回乡老职工征地后的经济补偿标准为 7.9 万元，差距较大
完全丧失劳动力人员	约 800 人	原 N 区为 15 年镇保基本保险，另按月享受征地当时的最低生活保障线标准的生活补贴费。新政策按征地当时的最低生活保障线标准的 150%享受生活补贴费，15 年镇保基本保险另加 5 万元补充养老保险
大部分丧失劳动力人员	约 900 人	原 N 区享受 15 年镇保基本保险，另增发 48 个月的生活费。新政策规定可以选择，选择按照完全丧失劳动力享受待遇，或按照征地劳动力其生活补贴费增加 50%享受待遇
16 岁以上的在校生	约 1 800 人	原 N 区在校生与一般劳动力纳入镇保享受待遇，新政策中因为考虑到原 P 区历史上在校生均只享受 15 年镇保基本保险，因此本次新政策调整在校生与劳动力相比少补充养老保险 3 万元及生活费

资料来源：作者调查资料。

其次是通过对关注点的调查，分为评估主体和征地对象（直接的利益相关者）两类。在确定不同人群的权重基础上，进行风险认知的测量，采用 5 分制打分法，测量该政策社会稳定影响程度平均值和风险发生概率平均值。政策单项风险值=社会稳定影响程度平均值×风险发生概率平均值，总分从 1～25，分数越高表示该项风险越大。在定性调查基础上，对政策的风险点进行了梳理，概括出五个风险点：历史遗留问题、新政策执行、新政策出台必要性和时机、政策的“一步到位”、原已安置对象政策不再追溯。经计算，新政策的区域综合风险评估值为 9 分，属于低风险。

我们运用社会稳定风险测量框架对上述的《评估》重新进行评估，以检验该框架在实践中的可行性（表 7-13）。

表 7-13　P 区社会稳定风险测量

评估要点	主要领域	指标	原评估报告是否有
社会影响	人群特征	受影响人群构成及其占区域人口的比例	有
		敏感性人群分布及其行动能力	无
	个体与家庭	对待政策/工程态度	有
		对安全与健康的认知能力	无
		社会交往网络与信息处理能力	无
	社区与组织结构	民众组织化程度	无
		区域人群的就业/收入的差距	无
		利益团体的数量及行动能力	无
	政府资源	责任部门、决策部门，以及相关部门的整体行动能力	有
		地方政府拥有的可支配财政资源	有
		地方政府拥有的信息资源和舆论引导能力	无
	结构性因素	时间维度的政策缝隙与人群	无
		空间维度的政策缝隙与人群	有
		不同领域的政策缝隙与人群	无
		不同群体的政策缝隙与人群	有
	近因	同类型决策事项引发的事件	无
		区域历史上的群体性行动	无
		区域社会稳定风险总趋势	无
		民间舆论的态度	无

续表

评估要点	主要领域	指标	原评估报告是否有
社会影响	触发因素	决策事项发布的方式与时机的敏感性	有
		决策事项信息的公开性和完整性	无
	沟通机制	官民互动的渠道和方式的开放性和动态性	无
		民众表达与维权路径的多层次性	无
风险类型	显性风险	可燃性、空间分布、原因与后果持续时间、风险演化路径	有
	潜在风险	国内外宏观形势、动态监控能力、网络舆情	无
风险概率	—	不可能、微小、可能、偶然、常态	有

资料来源：作者整理。

本章小结

社会稳定风险评估测量框架的建构是依据研究文献脉络和基本逻辑，提炼出学理上的分析框架。在此基础上，结合当前实践进行反思，并对具体的案例（鉴于当前实践中主要以定性分析为主，所以选取一个以定量分析为主的案例）进行再评估，以检验风险测量框架的适用性。风险测量是推进社会稳定风险评估制度安排有效性的基石。在现行党政干部责任追究的约束条件下，维稳具有高压线的威慑力。如何做到维稳体系适应“依法治国”的需要，适应维权与维稳统一的需要，这些都在促进社会稳定风险评估向更高层级迈进。制度安排的吸引力还取决于有效性，只有简单、方便、低成本、效果显著的制度安排才有可能内生于复杂政府管理制度丛林里，才有可能在不断健全的过程中提升治理质量。

第八章

健全制度安排的路径选择

社会稳定风险评估制度安排已逐步被当前我国社会治理体系和决策过程所接纳。例如，2014 年 2 月 25 日中共中央办公厅、国务院办公厅发布的《关于创新群众工作方法解决信访突出问题的意见》①，提出“健全重大决策社会稳定风险评估机制，把社会稳定风险评估作为重大决策出台的前置程序和刚性门槛，对决策可能引发的各种风险进行科学预测、综合研判，确定风险等级并制定相应的化解处置预案”。风险评估已成为重大行政决策程序中必要的环节，成为对行政决策权约束的重要机制。

如何健全社会稳定风险评估制度安排是当前研究的一个重要议题。对健全制度安排的研究前提是对当前制度运行进行全方位的评估。在对关键问题梳理的基础上设计健全的路径选择。

制度运行是指制度安排在实践中运作的过程，包括五个层次：执行制度安排的运转机制、评估的组织与实施、考核与责任追究、评估报告质量的审查和评判、关联制度安排的变革。

第一节　运行状况

在对上海、江苏、浙江、甘肃、云南等地实地调查的基础上，总结出

① 参见：http://www.gov.cn/jrzg/2014-02/25/content_2621605.htm［2014-09-02］.

当前社会稳定风险评估制度安排运行的基本状况分为四种情形：不愿评、不想评；不会评、评不好；烦琐评；会评、想评。

在实践中出现了三种不正确的认识及运作方式。

第一种认识与运作方式是把社会稳定风险评估等同于环境影响评价，是一种典型的为评估而评估。通常类似于环境影响评价，引入第三方进行评估，撰写厚厚的评估报告，但实际效果并不明显，反而增加了管理成本。其最大不足之处是把评估过程简单地等同于寻找风险源，忽略了评估过程的实质是源头治理，排查、化解、缓解与预防于一体的风险治理的过程。因此，在推进第三方评估过程中防止评估责任虚化，警惕过度的市场化，防止把社会稳定风险评估引入到错误方向去。

第二种认识与运作方式是党政机关内部自我评估，根据领导的需要来决定风险等级及应对措施，把社会稳定风险评估变成推卸责任的挡箭牌，把评估流于形式。当下社会稳定风险评估在改革顶层的意义是把党政维稳系统与公民维权系统联结在一起的制度创新，从本质上改变现行的维稳方式。进一步地说，把公民对公共决策后果的事后激烈抗争转化为事前的积极参与。因此，公民广泛、有序、实质性的参与是决定社会稳定风险评估质量的关键因素。激烈抗争的手段既有合法的信访，也有不合法或非法的集会、冲击国家政权机关和交通要道等多种形式。公民介入公共决策的程度依次递进的有：信息告知（知情权）、在场（参与权）、声音（表达权）、协商与谈判（博弈权）、同意（决定权，通常所说的群众支持与否）。源头治理的实质是推动公共决策过程的转变，把“救火”转变为“防火”，因此需要建立透明、开放、多元、参与的决策过程。党政机关内部自我的评估忽略了社会稳定风险评估对民主决策的要求。

第三种认识与运作方式是把社会稳定风险评估当作是指标化的考核，下达明确的考核指标，追求评估数量，然后再不断进行检查，变成了“要我评”，其目的是满足程序上的指标要求，但对制度长期发展不利，最终可能流于考核形式，逐步减弱制度创新的积极意义，形成新的利益链。不同层级的政府、不同的党政部门每天都要面对大量烦琐的公共决策，并非每一项决策都直接或间接涉及利益格局调整或再分配。重大决策具有时间、空间、层级、利益冲突等明确的约束条件。自上而下推进社会稳定风险评估要警惕“一刀切”和“指标化形式考核”。

当前实践中的具体情形有以下几种。

一、不愿评、不想评

社会稳定风险评估作为一项新的制度安排，其运行过程中需要相应的机构和人员来承担职能。按照当下的制度设计基本上都是由各级党委的维护社会稳定相关机构来进行领导、组织、督促和落实。维稳部门的设置有两种方式：一是与同级的党委政法委员会合署办公，人财物由政法委统一来管理；二是设置在同级公安系统，人财物则由公安系统来管理。维稳机构是一个协调性机构，以处置突发应急事件为主要任务。该机构的人员编制、经费都受制于其他主管机构。新的职能出现以后，由于维稳机构能力建设跟不上制度安排的要求，因此普遍存在的现象是以转发上级文件为主。而决策部门、审批部门同样觉得社会稳定风险评估是一个“累赘”。此外，由于当前的社会稳定风险评估的制度安排主要以党政机构内部文件为主，有的文件还带有一定的密级，影响到该制度的公开运行。审批部门往往都以缺乏法律规定或行政许可为借口，不愿评和不想评。

二、不会评、评不好

在党政干部责任追究的框架内，地方党政干部维护社会稳定的压力下比较大，迫于压力需要改变维稳模式。社会稳定风险评估制度安排提供了替代方案。基于源头治理思想的制度安排得到维稳部门或决策部门的支持。但在实践过程中，由于当下的社会稳定风险评估制度安排过于繁冗并且需要多学科知识的支持，导致评估机构、审批机构能力严重不足。有的地方党政干部推动稳评的积极性比较高，但是不会评成为面临的主要困难。从知识基础来看，社会稳定风险评估涉及工程与技术、法学、社会心理、政策评估等，在决策的评估体系（经济、环境、社会评估）中呈现出来知识状态最为复杂。评不好是当前基层单位，尤其是县、乡镇等层级开展社会稳定风险评估普遍存在的现象。由于社会稳定风险评估制度安排所要求的知识和能力比较高，而基层一线工作人员都是经验型为主，两者之间的差距比较大，出现了评不好的现象。评不好表现在评估程序混乱，以党政机关内部评估为主，以主观判断和形式主义为主，社会调查普遍不够充分，评估结论缺乏科学性和针对性。

三、烦琐评

J省W市在推进社会稳定风险评估过程中，以指标考核形式自上而下推进。为了满足指标的考核和应付上级的检查，出现烦琐评的现象。其表现有：评估事项的案卷纷繁复杂，但社会稳定风险关键点却不清晰。“小事变大”，对于涉及利益关系的人群数量不多、矛盾激烈程度低、容易识别社会稳定风险源、化解措施方便易行等这类决策事项，花费了大量的人力物力来进行评估，从而把社会稳定风险评估变得烦琐。这既增加了行政成本，又降低了制度安排的效益。

烦琐评还有一个表现就是引入第三方分析与评估，按照经济评估、环境影响评价等方式来进行。在市场化机制作用下，社会稳定风险评估市场比较混乱，为了获得更多的经济利益，评估方把本来不复杂的评估变得复杂，把原本不属于社会稳定风险评估的内容纳入到评估报告中，如重大项目的可行性研究、建设工程的环境影响评价、政策的合理性分析等。烦琐评的目的就是获得更多的经济利益，故意提高社会稳定风险评估的复杂程度。

四、会评、想评

社会稳定风险评估在我国当前发展阶段和政治制度框架内可以比较有效地从源头解决维稳的压力，实现维权与维稳的统一。因此有的地方政府在推进过程中，准确地把握了制度安排的实质，科学、合理地进行评估，评估效果已经过实践的检验，非常有效。一件有效的社会稳定风险评估案例带来正面激励作用，促使决策部门在下一件决策事项中会主动引入社会稳定风险评估。从激励角度看，从“要我评”转变为“我要评”，形成制度运转的内生机制。在社会稳定风险评估还没有纳入到法制轨道之前，制度运转的内生机制对其有效运转起着相当重要的作用。

尽管在实践中这方面的事例比较少，但已出现的事例恰恰能够证明社会稳定风险评估制度安排具有一定的生命力。目前出现的前三类现象，说明了制度安排在实践中被扭曲或者其规定不尽合理，需要优化和健全。

第二节　运行机制

执行社会稳定风险评估制度安排的运行机制有两条路径：一是重大项目与工程类决策事项的社会稳定风险评估；二是重大政策类决策事项的社会稳定风险评估。从本质上来说，两类运行机制是相同的；但在政府管理过程中，由于碎片化的决策过程导致运行机制存在着明显的差异。造成差异的原因是发展型政府对项目和工程的政策工具的强烈依赖，或者说政府“有形之手”在经济社会发展过程中起着非常显著的作用。地方政府还是经济社会发展的“发动机”和主体，还没有发展到依靠政策来推动以社会和市场发展为主体的阶段。

一、重大项目与工程类决策事项的社会稳定风险评估机制

重大项目与工程类决策事项的社会稳定风险评估运行机制的建立以2012 年国家发展和改革委员会颁布的《重大固定资产投资项目社会稳定风险评估暂行办法》（发改投资〔2012〕2492 号）为起点。此后各级政府

的发展和改革部门逐步落实《暂行办法》，建构多层级的重大项目和工程类决策事项的社会稳定风险评估机制。

《暂行办法》规定：国家发展改革委审批、核准或者核报国务院审批、核准的在中华人民共和国境内建设实施的固定资产投资项目都需要进行社会稳定风险评估。社会稳定风险分析应当作为项目可行性研究报告、项目申请报告的重要内容并设独立篇章。国务院有关部门、省级发展改革部门、中央管理企业在向国家发展改革委报送项目可行性研究报告、项目申请报告的申报文件中，应当包含对该项目社会稳定风险评估报告的意见，并附社会稳定风险评估报告[①]。《暂行办法》对社会稳定风险评估的制度安排规定，实质上是嵌入到行政流程内，而且作为必备要件，所以具有很强的约束力。

固定资产投资项目是我国推进发展依赖的主要路径之一。《暂行办法》所具有的意义是把发展和稳定有机结合起来。尽管这是政府政策工具的一个变革，但具有重大的意义，特别是程序嵌入和必备要件，对社会稳定风险评估制度安排具有直接的推动作用。

重大项目与工程类决策事项的社会稳定风险评估机制在运行中面临的问题主要有三个方面。

第一，由于制度安排嵌入的路径是纳入到项目的可行性研究报告、项目申请报告的重要内容，所以目前社会稳定风险评估报告通过包括招投标在内的多种形式来吸收各类工程咨询公司、环境影响评价公司等参与评估。各类工程咨询公司（投资、水利、环境、勘察等）对社会稳定风险评估所要求的知识、分析方法及社会稳定的动态性认识存在严重的不足。社会稳定风险评估知识和人才储备不足导致社会稳定风险评估报告五花八门，胡乱评估，凑字数，把可行性研究报告和环境影响评价报告相关内容抄袭过来。这是社会稳定风险评估报告流于形式，缺乏针对性和有效性的主要原因。

第二，《暂行办法》对社会稳定风险评估在程序要求有“具体意见”以及“附上报告”，在审批过程中发展和改革部门仅仅是作为程序上审

① 国家发展和改革委员会，发改投资〔2012〕2492 号.

查，并没有对评估报告的质量以及是否具有针对性等方面进行评审。换言之，审批部门目前也缺乏相应知识和人才储备，即使发展和改革部门下属的投资或其他类的评审中心也同样缺乏相应的能力，这些客观因素导致审查机制缺位。

第三，由于上述两个方面机制的缺失，导致重大工程和项目类决策事项的社会稳定风险评估出现了市场化竞争机制不充分和评估报告质量低下的现象。由于各类工程咨询公司与项目主管部门千丝万缕的关系，再加上社会稳定风险评估报告被视为可行性研究的一个要件，所以缺乏有效的市场竞争。有效的市场竞争缺乏和审查机制缺位导致评估报告质量低下。

诚然，目前重大项目和工程类决策的社会稳定风险评估主要集中在政府投资领域，而外资和民营资本的固定资产投资等领域还没有相应的制度规定，留下了制度的空白，也带来了社会稳定风险的隐患。

二、重大政策类决策事项的社会稳定风险评估机制

重大政策类决策事项的社会稳定风险评估制度安排目前最重要的文件是《关于建立健全重大决策社会稳定风险评估机制的指导意见（试行）》（具有一定的密级，简称《指导意见》）[①]。《指导意见》是专门针对重大决策社会稳定风险评估机制作出全方位的规定。在此基础上，上海市制定了比较切实可行和操作性强的《上海市重大政策社会稳定风险评估操作规范（试行）》。

重大政策类决策事项的社会稳定风险评估机制切入行政决策体系内的另一个路径是建设法治政府框架。2010 年国务院发布的《关于加强法治政府建设的意见》（国发〔2010〕33 号）中提出“完善行政决策风险评估机制”[②]。这里的风险包括社会稳定、环境和经济等方面的风险。该意见要求：“建立完善部门论证、专家咨询、公众参与、专业机构测评相结合的风险评估工作机制，通过舆情跟踪、抽样调查、重点走访、会商分析等

① 参见：http://www.scfzw.net/news/html/73-12/12098.htm[2015-12-18].

② 参见：http://www.gov.cn/gongbao/content/2010/content_1745842.htm[2015-12-23].

方式，对决策可能引发的各种风险进行科学预测、综合研判，确定风险等级并制定相应的化解处置预案。要把风险评估结果作为决策的重要依据，未经风险评估的，一律不得作出决策。”

与重大项目与工程类决策事项的社会稳定风险评估机制已嵌入到行政审批流程不同，重大政策类决策事项的社会稳定风险评估还没有成为刚性门槛和程序嵌入。目前对重大政策类决策事项社会稳定风险评估机制的运转有两种比较典型的方式：①以江苏省南京市为代表，制定政策的部门是开展社会稳定风险评估的责任主体，维稳部门承担社会稳定风险评估的验收考核。②以上海市为代表，谁决策谁负责社会稳定风险评估，但是重大决策拟订单位要将社会稳定风险评估报告（或篇章）与决策方案一并提交各级党委、政府和有关部门班子集体研究讨论，市委办公厅、市政府办公厅负责本市重大决策社会稳定风险评估工作的督促指导。这两种方式的区别是社会稳定风险评估报告的最终审核、审查或督促指导的部门不同，南京市是由维稳部门负责，而上海是由市委、市政府办公厅负责的。路径的差异反映了制度安排运作机制的不同。一个是强调维稳部门的作用，另一个是强调制度安排运行机制嵌入到当前的政策制定流程。两个路径当前的作用和效果还没有充分展现出来，所以就难以对效果进行比较。因为两个路径都没有清晰地界定政策类决策事项的社会稳定风险评估具体的考核和责任，以及审核审查的流程和标准，还停留在文件规定阶段。之所以如此，其原因有三个。

首先，政策类决策事项的评估在我国政府管理过程中缺乏制度安排。政策类决策事项往往过多关注领导人的偏好、调查论证和方案的设计，但缺乏评估。目前有的地方进行过政策类决策事项评估的试验，但无法长期坚持下去。例如，2012 年上海市闵行区成立了公共政策评估中心，2013 年运行一年以后，目前已进行了调整。政策类决策事项评估不充分，必然带来风险评估也无法推行下去。

其次，政策类决策事项的社会稳定风险评估缺乏相应的知识体系和理论支撑，评估的有效性明显不足。目前社会稳定风险评估对风险点的梳理、风险演化进程、风险涌现的概率、风险的后果等都依赖社会调查、座谈会及民众的意见等，缺乏从政策体系或政策系统的层次对政策与风险之间的关系进行研究。因此对社会稳定风险评估报告的审查、审核及督查等方面缺少标准化的操作。

最后，当前政策类决策事项的审查、审核或督查的机制与政府审查政策的合法性、可行性等机制存在着重复。随着我国法治政府建设的推进，政府的法制部门普遍都强化了对政府出台的文件备案和审查机制。政府法制部门也强调对政策类决策事项的合法性审查，而社会稳定风险评估也包含这方面的审查，所以存在着程序上的重复和浪费行政成本。

第三节　组织与实施

一、领导者与操作者

社会稳定风险评估的制度安排运行机制的成效取决于评估的组织与实施，而这又取决于领导者和操作者的素质和能力。从行政体系运转的角度看，社会稳定风险评估的组织与实施如同其他类专项政策执行一样。一般是成立领导小组，在对口部门设立办公室。社会稳定风险评估的领导小组组长不尽相同。在省级层面是由党委常委政法委书记担任的比较多，在地级市层面上由市长或政法委书记担任的比较多，在地级市以下党的书记担任比较多。社会稳定风险评估领导小组的办公室基本上都设立在党委和政府的维护社会稳定办公室。当然在我国当前政治结构和决策结构下，党政一把手也具有相当大的影响力，可以通过批示、批阅等多种方式推进制度安排的设计及运行。

我们把组织与实施的官员分为领导者和操作者两类。在意愿上分为强弱两种情况。对当前社会稳定风险评估运行机制的组织与实施可以分为四种情形（图 8-1）。

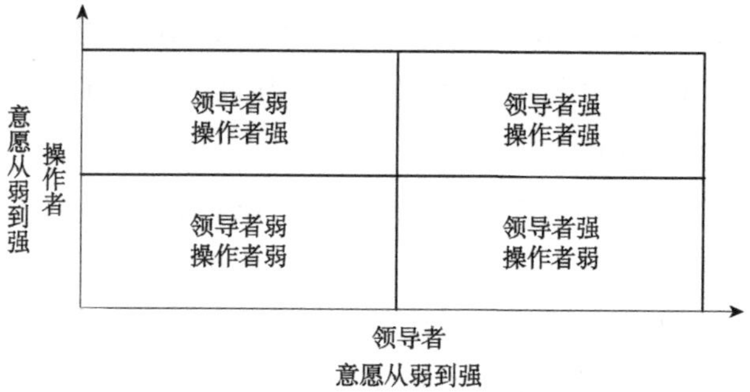

图 8-1　评估的组织与实施

这四种情形常常对应着上述的社会稳定风险评估总体状况，换言之它是导致不愿评、不想评，不会评、评不好，烦琐评，会评、想评这些情形出现的运行机制上的原因。领导者弱操作者弱导致不愿评、不想评；领导者弱操作者强导致不会评、评不好；领导者强操作者弱导致烦琐评；领导者强操作者强带来会评、想评。

在对上海市、江苏省、浙江省、广东省、甘肃省等地调查的基础上，这四类情形中，领导者弱操作者弱和领导者强操作者强的两类情形比较少，大多数集中在其他两类：不会评、评不好和烦琐评。

二、评估报告的承担者

影响评估的组织与实施的另一个因素是评估报告的承担者——谁来撰写评估报告和承担评估的具体任务。在评估实践中，有三种情形。

第一种方式是党政机关及决策部门内部的评估，属于体制内的自评，多个部门参与，分析社会稳定风险来源、趋势及风险等级等。

第二种方式是由社会力量主导，按照市场化和社会化方式组织评估，属于体制外第三方的评估，也就是他评。此类评估方式往往在重大项目和工程类决策事项评估中经常使用，有的是通过公开招标方式来进行，有的是通过委托方式来进行。

第三种方式是由党政机关与社会评估相结合的方式来进行，就是合作评。党政机关负责组织与实施，而社会机构提供技术力量支持，如社会调查问卷设计、座谈会等。

我们抽取这三类评估方式完成的报告进行质量分析，初步发现自评和他评没有明显的区别，而合作评案例比较少，质量高，但不具有代表性。需要对这三种评估方式进行优缺点比较（表 8-1）。

表 8-1 三种评估方式的比较

评估方式	社会调查与技术知识	维稳经验与社会知识	责任	运行成本	质量
自评	弱	强	强	低	不确定
他评	强	弱	弱	高	不确定
合作评	强	强	强	不确定	高

资料来源：作者整理。

通过比较，自评具有社会调查与技术知识方面的劣势，维稳经验和社会知识具有优势，且责任意识强，容易形成追究机制，运行成本低；但质量不确定，取决于操作者的知识和能力、多部门合作机制等因素的影响。他评具有社会调查和技术知识的优势，特别是对重大项目和工程类决策事项的社会稳定风险评估更能体现出其优势所在。但是对于重大政策类决策事项则没有这方面的优势，而且在维稳经验与社会知识方面存在明显的劣势。因为对社会稳定风险的判断更多的时候需要的是经验、阅历及社会知识，这是与环境影响评价、安全评估、节能评估等其他类的不同之处。他评运行成本高，花费多，评估报告烦琐，而其质量却不确定。合作评具有明显的优势，但运行成本难以计算，评估质量比较高。

社会稳定风险评估报告的承担者多样化，反映了制度安排运行机制在顶层设计上的模棱两可。

第四节 责任追究与考核和考评

制度的运行离不开激励与惩罚。责任追究是对制度运行不力实施的惩罚，而考核、考评则是建立激励机制。

一、责任追究

2009 年中共中央办公厅、国务院办公厅印发《关于实行党政领导干部问责的暂行规定》[①]，该规定将对干部实施问责分为七类情形，这些情形与决策的社会稳定风险评估直接或间接相关（表 8-2）。

表 8-2 问责的情形与社会稳定风险评估的关系

情形	直接/间接/无
决策严重失误，造成重大损失或者恶劣影响的	直接
因工作失职，致使本地区、本部门、本系统或者本单位发生特别重大事故、事件、案件，或者在较短时间内连续发生重大事故、事件、案件，造成重大损失或者恶劣影响的	直接
政府职能部门管理、监督不力，在其职责范围内发生特别重大事故、事件、案件，或者在较短时间内连续发生重大事故、事件、案件，造成重大损失或者恶劣影响的	间接
在行政活动中滥用职权，强令、授意实施违法行政行为，或者不作为，引发群体性事件或者其他重大事件的	直接
对群体性、突发性事件处置失当，导致事态恶化，造成恶劣影响的	直接
违反干部选拔任用工作有关规定，导致用人失察、失误，造成恶劣影响的	无
其他给国家利益、人民生命财产、公共财产造成重大损失或者恶劣影响等失职行为的	无

资料来源：作者整理。

尽管党政干部问责的制度已建立，但在运行过程中并没有得到有效的执行。社会稳定风险评估制度安排运行也面临同样的问题。从制度设计来看，《关于建立健全重大决策社会稳定风险评估机制的指导意见（试行）》做了相应的规定（表 8-3）。

从 2012 年以来，全国发生的重大群体性事件并没有出现根据这些规定进行问责的事例的报道。

2009 年，上海市的《关于建立重大事项社会稳定风险分析和评估机制的意见》（试行），规定的行政问责“一旦发生大规模群体性事件，由市维稳办根据《上海市大规模群体性事件专项应急预案》的有关规定，组织

① 参见：http://news.xinhuanet.com/politics/2009-07/12/content_11696805.htm[2015-11-27].

有关部门查清事件经过、原因、损失以及重大事项社会稳定风险分析和评估工作的开展和落实情况，必要时向相关职能部门提出实行行政问责的意见和建议”。截止到目前，也没有发生过进行行政问责的事例和报道。

表 8-3 社会稳定风险评估的责任追究

事由	对象		依据
评估责任追究	不按规定程序	评估主体	《公务员法》有关规定、《行政机关公务员处分条例》第二十条规定
		共产党员	《中国共产党纪律处分条例》第一百二十七条
	隐瞒真实情况或弄虚作假	评估主体	《公务员法》有关规定、《行政机关公务员处分条例》第二十二条
		共产党员	《中国共产党纪律处分条例》第一百三十一条
		党政领导干部	《关于实行党政领导问责的暂行规定》
决策责任追究	不根据风险评估结论、无视风险	责任人	《公务员法》有关规定、《行政机关公务员处分条例》第二十条
		共产党员	《中国共产党纪律处分条例》第一百二十七条
	不暂停决策实施或者及时调整决策	责任人	《公务员法》有关规定、《行政机关公务员处分条例》第二十条
		共产党员	《中国共产党纪律处分条例》第一百三十一条
		党政领导干部	《关于实行党政领导问责的暂行规定》

二、考核和考评

考核、考评是建立制度的激励机制。在科层制下，上下级之间的考核和考评是通过检查、汇报、评比等多种方式来进行的。自下而上的信息传递与自上而下的评价构成了制度运行的机制。

随着社会稳定风险评估的全面推进，考核与考评随之浮出水面。定量化的考核成为选择的手段之一，努力建立一套绩效管理体系。在社会稳定风险评估发展比较成熟的江苏省，较早进行了社会稳定风险评估绩效管理体系的探索。2006 年江苏省的淮安市制定了《重大事项社会稳定风险预测评估化解制度考评办法》，2014 年江苏省制定了《社会稳定风险评估工作综合评价办法（试行）》。尽管存在着层级上的差异，两个考评体系都采用设定总分值，然后扣分的方式来进行。

淮安市的考评内容分为六个方面，逐项列举扣分的情形和分值见表8-4。

表 8-4　淮安市重大事项社会稳定风险预测评估化解制度考评办法

序号	考评事项	分值
1	化解工作纳入计划	5
2	调查研究，一手资料	15
3	评估内容测评	20
4	维稳工作预案与责任追究办法	15
5	评估报告准确与备案	30
6	涉稳信息报送	15

资料来源：淮安市维稳办公室提供。

江苏省对省辖市社会稳定风险评估综合评价采取抽样检查方法。每省辖市抽查 2 个市级重点部门、2 个县（市、区），每县（市、区）抽查 2 个县级重点部门和 1 个乡镇（街道）。其中各省辖市维稳办公室自荐 1 个部门和 1 个县（市、区），其余由检查组随机确定。其中重点部门包括发改、住建等 14 个部门。各市综合评价结果计算如下：

$$\text{综合评价分=市级得分}\times 50\%+\frac{\text{2个县(市、区)总分}}{2}\times 50\%+\text{加分}$$

综合评价内容包括党委政府组织领导情况、重点部门社会稳定风险评估工作情况、维稳办履职情况、其他情形的加分（表 8-5）。

表 8-5　江苏省社会稳定风险评估工作综合评价

评价内容	具体情形	分值
党委政府组织领导情形	文件执行、评估结论运用、组织体系等	30
重点部门社会稳定风险评估工作情况	社会稳定风险评估的操作等	26
维稳办履职情况	维稳办指导、督察等	44
其他情形	先进经验	加分

资料来源：2014 年江苏省社会稳定风险评估工作综合评价实施细则。

考核和考评运行机制是社会稳定风险评估机制向更高层次迈进的推动力。在目前制度运行的初期阶段，考核和考评主要集中在制度运行的保障机制层面，还没有建立起以社会稳定风险评估质量为核心的制度运行持续改进阶段。此外，考核和考评机制在运行过程中还受到类似其他领域同样的问题，如虚报信息、作假、应付检查及临时拼凑等。

第五节　质量审查与评判

当前社会稳定风险评估的责任追究、考核和考评都没有把评估报告质量的高低纳入到制度运行程序内。诚如前文所指出：由于对评估报告的质量缺乏审查、审定和评判，直接影响了制度安排运行的效果，也间接影响到制度安排在党政机关内接受的程度。在经济评价、环境影响评价等领域对评估报告的质量控制通过制定评估技术导则、承担单位的资质来进行事前控制，同时委托专门的机构或购买服务的形式来对评估报告质量进行审查、评判，从而确保了评估报告质量，提升评估的针对性和有效性。

对于评估报告质量的审查与考评的首要任务是制定类似环境影响评价的技术导则。目前各类文件规定太笼统，难以形成清晰规范的要求，特别是在风险源的聚集和公众参与度等方面都没有明确的规定。同时还需要在程序上设置对报告的审查和评判的环节。当然对审查和评判关键点的研究是非常必要的。这些关键点包括两个方面：风险聚集区和公众参与。

一、关键点

（一）风险聚集区

重大工程和项目类决策事项的社会稳定风险源聚集在两个区域：工程项目的生命周期（规划、建设、运营和维护）区和空间距离区。在生命周期的不同阶段里，社会稳定风险的来源、表达方式及可能的后果都是不一样的。相类似的是，工程项目的社会稳定风险聚集与空间距离直接相关。空间距离是我们用来识别利益相关者群体空间分布的一个尺度。对报告的审查和评判的要点之一就是用生命周期和空间距离来评判社会稳定风险的聚集。

重大政策类决策事项的社会稳定风险聚集在政策缝隙区域。单个政策缝隙以及受到影响的人群数量、预期、行动能力等是判断风险聚集的关键点。政策缝隙表现为时间、空间、不同人群、不同政策领域的不一致。

（二）公众参与度

社会稳定风险评估与环境影响评价、经济评价、节能评价等的不同之处在于对于人群的评估，因此公众参与度是审查和评估报告的一个主要方面。尽管当前的制度安排有关公众参与的规定比较多，但是在报告中对公众参与重视不够，导致报告质量不高。审查和评判报告的一个关键点就在于公众参与的形式、类型、参与的阶段，以及公众的知情权、表达权、博弈权和同意权等实现的程度。

（三）源头治理方案和措施可行性

社会稳定风险评估的实质是实现社会稳定源头治理的目标，因此对源头治理方案和措施的可行性审查和评判是一个关键点。当前评估针对性不强和有效性不高的原因之一就是用源头评估代替了源头治理。审查和评判源头治理方案从三个方面入手：风险源是否得到有效的化解；公众的诉求是否得到回应；动态沟通和信息交流机制是否通畅。

二、审查和评判机制的建设

当前对评估报告的审查和评判是以专家评审会形式来进行的，由于会议作为一种审查形式本身具有的局限性，导致审查不能有效地成为提升评估质量的一个有效途径。诸如会议意见如何吸收进去，报告修改后如何再进行审查等，这些问题都难以有效地解决。因此需要在专家评审会议之前增加一个新的程序——审查和评判机制的建设。与其他决策类评估审查机制相类似，可以委托给第三方来进行质量审查，第三方对评估报告提出具体的意见。评估方根据意见进行修改再提交给专家评审会。

审查和评判机制实质是一种专业咨询，对评估报告的关键要点以及评估的科学性、风险聚集区、公众参与度、方案和措施等进行评判，但具体结论，如通过或不通过由主管部门组织的专家评审会议决定。

第六节　关联制度安排的衔接

社会稳定风险评估是一项新的制度安排。从制度理论出发，新的制度安排必然引起相关制度安排之间的相互衔接问题。制度安排是相互交织在一起的，一个点的突破具有引发连锁反应的效应。关联制度安排分为五个方面：可行性研究、公众参与、风险评估、合法性审查、应急管理。

（1）可行性研究。无论是重大项目和工程还是重大政策类等决策事项在当前决策程序内或行政审批过程中都要求进行可行性研究。可行性研究报告对决策事项的概况、依据、效果及必要性等都进行分析。社会稳定风险评估报告也对这些方面提出了要求，并且还成为评估报告的主要组成部分。因此当前的社会稳定风险评估制度安排的要求与决策事项的可行性研究存在着重复。有的决策事项的可行性研究也还涉及对社会稳定的影响、群众的承受力等相关方面的要求。从制度安排相互衔接的角度看，社会稳定风险评估理应在可行性研究之后，重点突出的是社会稳定风险方面的可行性。

（2）公众参与。诚如前文所指出的公众参与度是社会稳定风险评估报告审查的一个关键点。无论是在专业性政策领域（如城乡规划、环境影响评价、价格听证）还是在行政决策流程中都对公众参与作出了相关的行政法规、规章或文件的规定，要求保障公众的知情权、表达权等。这些制度安排与社会稳定风险评估所要求的公众参与之间的衔接点在于增加了博弈权和同意权。

（3）风险评估。对决策事项的影响评价到风险评估反映了决策理论一个新的突破。决策事项的风险评估包括经济风险、生态环境和健康风险、社会稳定风险。在风险管理理论看来，这些风险是相互转化的。换言之，经济风险也可能转化为社会稳定风险，生态环境和健康风险更容易转化为社会稳定风险。因此，在风险评估过程中，需要关注相互之间的衔接，不能割裂风险评估。社会稳定风险需要在经济、生态环境和健康风险评估基础上，关注相互之间的演化机制。

（4）合法性审查。当前社会稳定风险评估的首要内容是合法性评估。在制度安排关联层次上，重大项目和工程类在行政审批过程中，合法性是其前置条件，同样重大政策类决策事项流程中政府法制部门都进行合法性审查。因此当前社会稳定风险评估的合法性审查设置存在着重复。程序衔接要求对社会稳定风险评估置于合法性审查之后，取消不必要的要求。

（5）应急管理。在当前突发公共事件管理框架内，社会公共安全事件是其一个类型。对于具有社会安全风险的公共决策事项都要求做应急预案。在应急管理框架内的社会安全事件的应急预案与社会稳定风险评估所要求的化解社会矛盾的方案和措施之间存在着一定程度的重复。两者之间的衔接点在于社会稳定风险评估所评估出来的重大社会安全风险按照应急管理框架设置应急预案或制定方案和措施。

制度安排的衔接引发一个问题：社会稳定风险评估是单项评估（只关注社会风险）还是一个综合性评估（涵盖了其他领域的制度安排）。显然从制度安排的功能和有效性出发，只能定位在单项评估层面。由此得出一个基本结论：当前社会稳定风险制度安排需要从繁到简，回归本位，理顺与相关制度安排的衔接。

本章小结

社会稳定风险评估机制经历了建立、健全到落实三个阶段。在对实践总结的基础上，运用制度安排分析框架。从运行机制与组织实施等环节进行细致分析，梳理出需要强化的关键点。从健全路径上看，社会稳定风险评估制度安排需要与其他制度安排衔接好，只有这样才有可能提升制度安排的有效性和吸引力。

第九章

制度安排的理论化

在学理层次上，社会稳定风险评估制度安排的本质是风险社会的民主治理机制一种类型。从实践层次上看，它是在应对经济社会发展的脆弱性问题时，国家具有的弹性和灵活性的表现。显然通过社会稳定风险评估制度安排的研究，其目的是解释中国在迈向持续繁荣进程中具有的一些内在机制，而这些机制并没有纳入到主流或标准的理论解释框架内。理论的研究魅力在于对实践提升的分析。对实践研究的研究目的是对中国发展的战略性趋势进行分析——民主治理机制在量上的积累能否带来制度性根本变革，从而为走出一条新型发展道路，为人类社会的发展提供经验借鉴。对社会稳定风险评估制度安排的再理论化是学术研究的目的。理论化围绕着风险社会、风险治理、风险的民主治理三个维度展开论证。其核心点是决策过程转变，迈向一个开放、多元、包容、谈判与协商的决策过程，从而把治理机制层次上的参与和协商提升到政权变革体系内。这些努力是为解释中国发展道路提供一种视角。

第一节　风险社会与政治制度应对能力

政治制度应对风险和危机能力，通常是作为一项准则来评判制度的优劣、先进与否。从人类社会发展史比较角度看，制度的失败常常归因为无法应对危机和风险。在这样的前提假设下，研究风险社会与政治制度应对能力具有理论意义。

1986 年，德国社会学家乌尔里奇·贝克（Ulrich Beck）的《风险社会——面向一种新的现代性》问世，引起了学界广泛的讨论[①]。“风险社会”作为对现代社会特征的描述，已被人们广泛接受。风险是日常生活中普遍使用的概念，如技术风险、商业风险、环境风险等。它暗含着“危险”“不安全”“威胁”“危机”等意思，又与“不确定”“意料之外的后果”等理性不及和人类认知能力之外直接相关。贝克把日常生活的“风险”概念运用到现代社会的特征分析。他说：“风险的定义是用系统方法来应对现代化本身带来的危险和不安全。”[②]贝克的贡献在于把社会中的财富分布和风险分布建立起逻辑关联。沿着贝克的思路进一步探究风险与社会和政治制度体系存在着逻辑关系。贝克呼吁对风险的研究要从自然科学、技术和工程科学发展到政治学、社会学等领域。贝克提出对风险的研究建立在科学理性和社会理性两者相结合的基础上。他说：“科学理性有能力客观地调查出一类风险的危害程度。”[③]但这些还远远不够，如社会运动引发出的问题是风险技术专家根本不能回答的。这些需要实践经验的把握。他的著名结论是“没有社会理性的科学理性是空洞的，没有科学理性的社会理性是盲目的”[④]。

对风险的研究进一步拓展到各类风险引发出的社会不稳定。社会不稳定是一种系统风险。经济合作与发展组织在 2012 年发布的《风险管理政策评论》中指出“社会不稳定因果关系嵌入在复杂的风险网中，是由技术、自然、社会和文化等多重力量推动的。在这种情形下最好用系统风险

① 在英文版前言里，说到贝克的《风险社会》成为战后最有影响的学术专著，第一个五年就销售了 6 万本，而且成为多个学科以及公众讨论的议题。参见：Ulrich Beck. Risk Society—Towards a New Modernity. Mark Ritter（trans.）. London，Newbury Park，New Delhi：Sage Publications，1992：3.

② Ulrich Beck. Risk Society—Towards a New Modernity. Mark Ritter（trans.）. London，Newbury Park，New Delhi：Sage Publications，1992：21.

③ Ulrich Beck. Risk Society—Towards a New Modernity. Mark Ritter（trans.）. London，Newbury Park，New Delhi：Sage Publications，1992：29.

④ Ulrich Beck. Risk Society—Towards a New Modernity. Mark Ritter（trans.）. London，Newbury Park，New Delhi：Sage Publications，1992：30.

框架来描述”[①]。在系统风险之外，社会风险还具有典型的冲突性特征。社会风险是社会运动、社会矛盾和社会冲突的一种表达方式。把风险与社会不稳定联系在一起对研究风险社会具有明显的创新意义。风险社会对政治制度能力的考验最终落脚点是在能否维系一个社会有序运转。社会风险是风险社会应对的主要险种。

一个社会的政治制度是否具有足够的能力应对社会风险，成为评判制度有效性的准则。在不考量外来政治力量和国际政治格局等因素下，政治制度的崩溃内生因素源自无法应对社会风险，社会高度不稳定导致原有的政治制度发生变迁，改革或革命是两条路径。政治制度类型的划分通常也以应对社会风险或危机作为标准。以应对社会风险的能力为视角来分析当下转型中国的制度变迁具有丰富的学术意义，因为简单的制度类型划分不能充分解释制度能力的复杂性。随着治理理论的兴起，制度能力化约为治理能力。“风险治理”便成为一个富有解释力的概念。

第二节　风险社会的民主治理

提升应对风险的制度能力是风险治理的目标。如何理解风险治理？当前有两个理路：一个理路是从风险管理到风险治理，突出了管理与治理之间的区分，运用治理理论来应对社会风险；另一个理路是因为社会治理过程中积聚了大量的风险，需要把风险理论运用到治理过程中。风险是一种治理技术。

第一条理路的代表人物有奥尔特温·雷恩（Ortwin Renn）等。1998年雷恩对风险研究 30 年进行总结，梳理出五种研究视角：技术风险、经济、心理、社会科学和文化理论。多学科的风险研究为“风险治理”概念

① Aleksandar S. Jovanovic’，Ortwin Renn，Regina Schröter. Social Unrest. OECD Publishing，2012：42-51.

的形成奠定了知识基础[①]。2008 年他的《风险治理：应对复杂世界的不确定性》[②]，把流行的治理理论引入到风险研究领域，详细阐述了“风险治理”的概念。“风险治理是把治理的内容和核心原则引入到风险情景和风险相关的决策。它包括，而且不限于传统风险分析的三个要素：风险评估、风险管理和风险沟通。”[②]“风险治理关注的是相关的风险信息收集、分析和沟通以及如何采用管理决策方面的行动者、规则、习俗、过程和机制等构成的复杂网。”[②]

第二条理路的代表人物集中在治理理论领域，如在《牛津治理手册》中撰写“风险与治理”一章的伊丽莎白·费舍尔（Elizabeth Fisher）等[③]。《牛津治理手册》专门讨论了“风险的治理”主题。治理理论家对风险与治理的关系认识与风险管理学家存在着明显不同。费舍尔认为“风险与治理的关系不是那么简单的。事实上，这种关系需要治理学者更加细致和努力地看待治理”[③]。该理路的核心观点是“风险是一种治理技术”，强调在治理过程中要运用风险思想、理论和工具，从而考察知识，特别是量化知识对于治理的重要性。它体现在四个方面[③]：第一，风险已经成为公共部门管理改革的一个重要概念。在这个情景里，风险是新公共管理（new public management，NPM）对话的一个部分，理解成为对公共行政良好运转的威胁。第二，从风险角度来对各类管制活动的目标进行重新定义，环境和公共卫生等领域设定管制，其基础在于防范这些领域的风险。“风险被理解成为这些行动的科学基础。”[④]第三，在执行和犯罪司法等领域，风险正在被广泛地得到运用，如英国普遍推行“以风险为基础的执行政策机制”。第四，沿用贝克的风险社会理论，经济社会的风险需要国家采取行动，从而为国家的作用提供了新的叙述和合理性证明。

简要地说，治理运动的兴起本身就蕴含着治理的风险，如公私伙伴关

① Ortwin Renn. Three decades of risk research：Accomplishments and new challenges. Journal of Risk Research，1998，1（1）：49-71.

② Ortwin Renn. Risk Governance：Coping with Uncertainty in a Complex World. London，Sterling：Earthscan，2008：8-9.

③ Elizabeth Fisher. Risk and governance//David Levi-Faur. The Oxford Handbook of Gorernance. Oxford：Oxford University Press，2012：417-428.

④ Elizabeth Fisher. Risk and governance//David Levi-Faur. The Oxford Handbook of Gorernance. Oxford：Oxford University Press，2012：419.

系的推行、合作生产的风险，以及责任的风险等，需要借助风险评估、风险管理和风险沟通的思想和方法，需要科学的知识作为决策的基础。费舍尔指出："……风险的运用主要是关于知识的运用，特别是被认为是客观的知识。"①

上述的两个理路为研究中国情景下，特别是社会稳定风险评估作为风险社会的民主治理机制提供学术脉络。当然，首先要对"治理"的概念进行情景限定。大卫·列维-福莱（David Levi-Faur）在《牛津治理手册》的第一章"从'大政府'到'大治理'？"中指出"治理被说成千奇百怪，包括口头禅、流行词、一套转置、一个联结性概念、一个包罗万象的概念、一个描述性概念……一个领域、一个路径和一种视角"②。他说出了治理概念本身的丰富性和多层次性。这样说来，在我们运用"治理"过程时，不仅要加上形容词来限定，而且还要聚焦到一定情景里。大卫·列维-福莱从结构、过程、机制和战略四个层次来对治理进行本质性规定。

在《牛津治理手册》对治理进行阐述的基础上，这里的"治理"定义从主体、结构、机制三个方面来描述。治理是一个多方主体互动的过程，包括公共部门、私营企业、包括各类民间组织在内的社会力量之间的互动；治理的结构包括全国性、区域性和地方性三个层次；治理的机制包括具体行政行为③、市场交换机制、协商和参与机制。

治理是多主体、多结构和多机制相互交杂的过程。风险治理的含义沿用风险与治理两者重叠之处。风险源既有来自经济、社会和价值转型中积聚的宏观因素，又有来自政府自身改革过程中积聚的触发因素。这里的风险治理是把第一条理路和第二条理路综合在一起，既要运用风险治理的理论提升政府应对能力，又要在提升政府应对能力过程推进政府自身改革，聚焦在地方决策过程的转型。

风险治理已经蕴含着民主治理的基本要素。雷恩指出："参与不仅是

① Elizabeth Fisher. Risk and governance//David Levi-Faur. The Oxford Handbook of Gorernance. Oxford：Oxford University Press，2012：424.

② David Levi-Faur. From "big government" to "big governance"？//David Levi-Faur. The Oxford Handbook of Governance. Oxford：Oxford University Press，2012：3.

③ 具体行政行为包括行政管理行为和公共服务行为。其中行政管理行为又包括行政决策、行政指导、行政执行、行政检查、行政合同。

民主的一个规范性目标，而且也是需要风险评估的情景下理性决策的一种需求。”[①]贝克的科学理性和社会理性也同样包含着这方面的思想。

在治理文献脉络里，治理含义本身就蕴含着一种民主机制。当然把“民主治理”作为一个概念和理论提出来，具有更深刻的意义。它不仅在为治理本身寻求一种合法性资源，而且更为深刻的是代表治理理论发展的新趋势。所以《牛津治理手册》用了十一章篇幅来阐述民主治理。在民主治理的议题下，分别从参与治理、民主治理模式、新公民权、合作治理、电子治理与电子民主等方面来论述，这是当前对民主治理发展阶段的全面总结[②]。参与治理、协商民主、话语民主、新公民权、合作治理、电子民主等这些概念都是从不同方面展现出民主治理丰富含义及包容性特征。

民主治理的基本内涵是在治理过程中，公民的利益、需求、偏好和声音能够卷入到决策过程，并且公民在公共政策执行、监督和评估方面能够起到积极的作用。弗兰克·费舍尔（Frank Fisher）认为：“参与治理是治理理论的一个分支，强调的重点是民主介入，特别是通过协商实践实现的参与。”[③]阿米特·罗恩（Amit Ron）把民主治理定义为“人民声音的表达”[④]。近来的研究还发现，民主治理不仅停留在“声音”层次，还具有“选择”的含义[⑤]。

信息技术革命促进了网络社会的出现，这本身就是推动治理出现的动力，又呈现出电子治理（e-governance）。电子治理促进了社会信息的流动，推动政府与公民关系的变革。埃兰·费舍尔（Eran Fisher）指出：“电子治理通常被认为是复兴民主首要的必要的一步。它促进政府实践不仅更为效率，而且更开放和互动，使信息更容易获得，并且把权力从政府

① Ortwin Renn. Three decades of risk research：Accomplishments and new challenges. Journal of Risk Research，1998，1（1）：66.

② David Levi-Faur. The Oxford Handbook of Governance. Oxford：Oxford University Press，2012：457-599.

③ Frank Fischer. Participatory governance：From theory to practice//David Levi-Faur. The Oxford Handbook of Governance. Oxford：Oxford University Press，2012：457.

④ Amit Ron. Modes of democratic governance//David Levi-Faur. The Oxford Handbook of Governance. Oxford：Oxford University Press，2012：473.

⑤ Yael Yishai. Participatory governance in public health：Choice，but no voice//David Levi-Faur. The Oxford Handbook of Governance. Oxford：Oxford University Press，2012：527-540.

手中转移到个人那里。”[1]从电子治理到电子民主（e-democracy）就一步之隔，成为民主治理的新形态。

简要地说，民主治理成为治理的一种类型，在不同制度背景下形态迥异。代议制民主框架里，民主治理，尤其是决策过程中弱者声音具有补充、修正、转型和参与的功能[2]，从而弥补民主赤字。

当风险治理与民主治理“相遇”时，两者关系体现在三个方面：首先，风险治理框架包含着民主治理的要素，特别是应对社会稳定风险的治理机制设计在更大程度上就是一种民主机制的构建。其次，民主治理的框架内包含着化解冲突、解决争议、培育认同、增强合法性资源等功能和作用，因此民主治理对于社会稳定风险的源头治理具有积极意义。最后，风险治理与民主治理各自都有多重的制度安排，交叉点集中在应对风险与危机的制度安排。换言之，前文所研究的社会稳定风险评估恰恰就是两个治理框架的交叉点。

第三节　风险评估理论化的探索

当把社会稳定风险评估理解成一种制度安排时，就超越了风险评估技术的属性，体现出科学性与社会性的双重理性。这类制度安排并非元设计，而是在现有多重制度安排框架内一种具有操作性的机制。它承载着价值观、理念、有效性，并由此带来的民主性。它分布在风险治理与民主治理的复合治理交叉点上。在价值观和理念层次上，法治国家建设、维权与维稳的统一、民主建设等，这些都需要找到一个制度安排的载体。此外对于经济社会的快速发展的国家而言，制度安排不是一种摆设，需要它能有效应对发展进程中积累的社会稳定风险。因此作为一种新型的制度安排，

① Eran Fisher. E-governance and e-democracy：Questioning technology-centered categories//David Levi-Faur. The Oxford Handbook of Governance.Oxford：Oxford University Press，2012：569.

② Amit Ron. Modes of democratic governance//David Levi-Faur. The Oxford Handbook of Governance. Oxford：Oxford University Press，2012：477-480.

其接受程度和扩散速度往往取决于其有效性。社会稳定风险有别于技术、经济、生态等其他类型的现代社会风险症状，它是特定制度安排下的产物，表现为人群的集体行为、民众的社会抗争与社会运动。该项制度安排的有效性不是简单地体现在风险治理的技术层面，而是通过民主性来实现源头治理，从而提升有效性。在学理层次来对社会稳定风险评估的研究解决这些基本问题。在此基础上，还需要放置到中国发展阶段和制度框架的情景里，更深层次地来挖掘此项制度安排所具有启发意义和价值。我们用当下比较时髦的话语来评价，在推进国家治理体系和治理能力现代化进程中，在民主建设和国家建设进程中，它具有重要的价值和意义。

有效性成为新的制度安排选择的首要准则。有效性体现在社会稳定风险评估能够在数量指标和主观感受两个方面来减少、缓解、降低社会矛盾激烈的程度。在党政干部的责任追究和惩罚机制面前，该项制度安排的接受程度和传播速度往往取决于它的有效性。当然也可能包含着主管部门权力扩张的冲动及其内在的激励机制作用。在有效性的前提下，还要探讨两个基本问题：是否反映出人类社会事务复杂治理的趋势，换言之是否是人类社会发展的普遍趋势，如信息公开、公民权保障、民主建设等；另一个问题是否有着科学知识的支持，在科学意义上具有逻辑一致的严谨性。

新的制度安排探索在一定程度上展现出对中国政治发展制度理论的突破，体现出中国国家制度具有韧性、弹性、回应性，并非陷于制度的僵局或者说制度被利益集团所固化。社会稳定风险评估所展现出的中国地方政府决策制度变革能力超出了现有的制度理论认知。无论对中国国家制度贴上何种带上意识形态的标签，但是都难以解释在一个具体制度安排点进行突破和创新所具有的内生动力。从这个意义上说，大多数社会制度的出现可能是社会优化选择的结果。中国国家制度具有的弹性和回应性来源于执政的危机意识和变通能力。这种类型的制度变迁路径是制度理论需要重新解释的现象。换言之，无论从制度文本的多样化设计还是从制度执行的千差万别方面看，当前中国的制度安排已经呈现出多层次和多样化状态，并非简单的“单一制”或“整齐划一”等术语能够描述的。学术研究的任务是解释该项制度安排“从何处来到何处去”的基本问题。

当代社会知识的扩散和传播成为制度变迁正当性基础。社会稳定风险评估建立在社会理论和民主理论基础上。其基本点是把民众的事后抗争转化为事前参与的动力，这是当前社会运动理论和公民参与理论的交叉点。公民参与的民主治理需要新的动力。动力来源于在特定的转型阶段现有的制度框架提供的参与机会之窗、公民维权的觉醒意识、参与带来的实质性收益等三者的相互作用和相互强化。社会理论提供的是风险治理科学知识，包括决策的风险评估、风险预测、风险预防与化解等。决策的评估在环境影响评价领域已展现出良好的绩效，其风险演化与计算等方面知识能够为社会稳定风险评估提供科学知识的支持。

简要地说，社会稳定风险评估制度安排带来制度理论突破体现在三个方面：第一，制度变迁的动力来源于机会之窗、公民权利意识觉醒、参与的实质性收益，需要国家与社会相互增强的机制；第二，制度变迁的原则是建立在有效性和民主性基础上的；第三，制度变迁的正当性需要知识的支持。

第四节　民主治理与未来战略

尽管有的学者认为社会风险的民主治理机制是“为了识别并管理社会不满的来源”[①]，可是其内在的含义与价值并没有得到充分认知。另外一种观点则比较乐观，认为社会风险的民主治理实质上是协商民主的一种类型和表达方式[②]。从前景看，协商型民主治理带来的变化有：把所有受到决策影响的人都包容到决策过程、协商的过程改变公民的预期、协商可能

① Dawn Brancati. Democratic authoritarianism：Origins and effects. Annual Review of Political Science，2014，17：2-3.

② Baogang He，Mark E. Warren，Authoritarian deliberation：The deliberative turn in Chinese political development. Perspectives on Politics，2011，9（2）：269.

带来决策程序的制度化[1]。这些对社会稳定风险评估而言，同样存在着制度扩散效应的可能性，但是还需要仔细研究其演变的机制，才有可能在整个国家发展战略中展现出该项制度安排的价值与意义。

未来发展战略与演变机制直接相关。社会稳定风险评估呈现出本土制度创新的意义必须在学理层次上以可验证的逻辑分析为基础。演变机制有四个层次：风险与评估的内涵延伸、公民参与与决策过程的制度化、决策风险及后果与问责制度建设、国家动态调整与脆弱性增强机制。

风险与评估的内涵沿着两个层次延伸。第一个层次是决策评估应成为重大决策必经的一道程序。在重大项目和工程领域，有环境影响评估、安全评估、节能评估。在与人民群众利益直接相关的决策事项方面引入了社会稳定风险评估。以此类推，对一些重要的人事安排和公共财政预算等政治发展关键领域理应引入评估方法。例如，2014 年 12 月，中共中央组织部负责人就中共中央办公厅印发的《2014—2018 年全国党政领导班子建设规划纲要》答记者问时指出，“建立领导班子分析研判制度。对领导班子运行情况、工作实绩、整体结构、优化方向，对领导干部能力水平、履职成效、作风表现、廉洁自律等，及时跟踪了解、分析研判”[2]。分析研判实质就是一种评估制度。同样在公共预算、廉政建设、重大改革等关键领域也应该建立起综合性的评估制度。第二个层次是对风险含义的延伸，特别是延伸到执政风险。社会稳定风险和政治风险都理应成为党和国家重大决策考量的要素。重大战略性、全局性的决策事项要充分考虑到可能带来的政治风险后果。从一定意义上说，风险评估成为风险型决策的起点，才有可能避免转型过程中积聚政治危机和风险积聚对现有制度造成的冲击，提升国家在治理现代化过程中的主导能力。

公民参与与决策过程的制度化。社会稳定风险评估引入到决策过程中，与其他类型的评估最大差异就是公民参与。公民参与既是风险评估的关键点又是解决源头治理之所在。显然公民参与改变了中国长期以来形成

① Baogang He，Mark E. Warren，Authoritarian deliberation：The deliberative turn in Chinese political development. Perspectives on Politics，2011，9（2）：283-284.

② 中组部负责人就印发《2014—2018 年全国党政领导班子建设规划纲要》答记者问.参见：http://ren-shi. people.com.cn/n/2014/1226/c139617-26280070.html[2015-12-19].

的党政领导和机构主导决策过程的模式，公民参与与决策过程的制度化成为决策制度变革的支点。我国决策过程的模式从党政领导和机构为主，逐步吸收了来自专家（特别是技术专家）和智库的咨询意见，开始向第三个阶段公民参与方向发展。公民的多层次、实质性的参与是社会主义协商民主主要组成部分。因社会稳定风险评估而推动的公民参与，需要向三个层次迈进：制度化，纳入到法定程序环节，我国正在制定和推行的《重大行政决策程序条例》就是制度化的一种努力；决策领域扩大，从直接涉及公民利益的领域拓展到影响全局的、战略性、关键性的领域，如公共财政预算、党政干部的任免与选拔，以及廉政建设等；对参与的结果需要审查和问责，从而推动实质性的公民参与。政府主导型的公民参与往往流于形式，对参与的结果缺乏审查和问责机制，形成了为参与而参与的弊端，因此阻碍了公民参与的热情和积极性。

决策风险及后果与问责制度建设。重大行政决策终身负责制为推进社会稳定风险评估设置了一道“保险杠”。尽管社会稳定风险评估已进行多年的实验，但是到目前为止，全国还没有出现过因评估不到位而问责的官员，从而影响到该项制度安排的良性运转。因此，有必要在重大决策终身负责制的框架内，把对决策风险评估纳入到程序范畴内。

国家动态调整与应对脆弱性。在危机面前，国家是否具有动态调整能力是国家治理能力现代化的指标之一。中国共产党领导的国家政权建设比较成功地回应历史上数次面临的重大危机，反映了中国共产党具有强大的适应力和与时俱进的能力。维持政权的生存是世界所有国家和政党都面临的共同挑战。在这个意义上，社会稳定风险评估可以理解成为国家动态调整的一种手段和方式。学术研究的价值在于能否把权宜之计更为深入地推进一步，建立起符合现代国家治理要求的制度体系。国家的动态调整旨在应对脆弱性。社会不稳定是发展进程中的脆弱性典型表征。在未来的发展进程中还会面临着各种各样无法预料到的脆弱性，因此建立起一套动态调整和应对脆弱性的机制显得更为重要。

简要地说，在国家庞杂和复杂的制度体系里所蕴含的价值和意义，以及对中国未来发展战略等方面，需要对社会稳定风险评估进行更为深入的研究。建立该项制度安排的逻辑起点（有效和民主）和内在机理（国家动态调整和应对脆弱性）对未来发展具有一定的借鉴意义。

本章小结

风险社会的形成对国家治理体系提出了新的命题。社会稳定风险评估制度安排是政治制度体系应对社会稳定风险的一种反应。此类风险与他类风险的区别在于公民（民众）的参与度决定了风险治理的成效。民主治理是其基本特征。在理论化探索层次上，社会稳定风险评估制度的有效性和民主性是走向未来的战略。

第十章

持续推进制度安排的发展

以制度安排为分析单位，对社会稳定风险评估的学理基础、制度成长和绩效、风险源、决策过程转型、风险治理、风险测量、健全的路径选择和理论化等方面进行了研究。研究方法采取的是知识与实践对话，注重从实践中发现科学问题，进行学理分析。由于资料获取的难度和当前维稳方式处于急剧的转型中，有些研究结论往往跟不上实践领域的变革速度。这也反映了中国社会科学研究的困境——在变动中寻找规律的艰难。中国社会秩序的变动与重构是在宏观史意义上的大转型阶段发生的。人类文明提供的基本经验就是以制度来建构多元的、有活力、团结的秩序。研究的结论有以下几方面。

一、公民实质性参与是提升社会稳定风险评估制度安排的有效性和民主性的关键

从微观意义上说，社会稳定风险评估力图实现社会不稳定的源头治理，减少或缓解社会矛盾对抗的激烈程度，把社会系统的紊乱控制在一个有限的范围内。与管控型维稳模式相比，这是打破路径依赖的制度转换。制度安排的有效性成为其吸引力和扩散的起点。提升该项制度安排的有效性关键又在于如何把民众事后的抗争转变为事前的参与。与环境影响评估、节能评估、经济效益评估、安全评估等评估类型的最大的差异就在于社会稳定的风险评估其对象是人群。推进公民事前实质性的参与是提升制

度安排有效性的关键举措。

从宏观意义上说，社会稳定风险评估关注的是对决策事项的评估，必然涉及如何作出决策，即决策方式问题。决策不是一个简单的信息输入-输出的关系，而是在不同的决策制度安排结果存在着明显差异的复杂转换过程。当社会稳定风险评估追求源头治理的目标时，源头之一就是进入到决策结构与过程。在社会稳定风险评估过程中关注对决策结构与过程的评估。这把该项制度安排的功能与意义进一步拓宽。换言之，建构一个新型的决策结构与过程这样才可能带来的风险最小化。党政主导公共决策的封闭模式转向开放、多元、包容、公民实质性参与的新型模式——科学决策、民主决策和依法决策。转变的支点就是用民主决策的杠杆来推动科学决策和依法决策。这是社会稳定风险评估民主性的体现。

微观与宏观层次上的研究的结论：公民实质性参与是提升社会稳定风险评估制度安排有效性和民主性的关键。

二、政策缝隙是社会不稳定风险源的集聚点

在党政主导的封闭决策模式里，单项政策之间存在着缝隙，存在着不一致的情形。政策缝隙是政策变迁的后果。它是客观存在的。政策是对社会利益和价值的再分配。当政策缝隙过大时，就对相对稳定的经济社会利益均衡系统运行带来干扰，从而导致系统的失衡，引发群体性行动。政策缝隙体现在时间、空间、不同人群，以及不同政策领域之间的不一致。造成政策缝隙形成的原因有决策者有限理性的约束，民主集中制决策结构的变异，条块分割的碎片化决策过程，政策变迁的频繁等。决策的结构与过程的缺陷形成了政策缝隙，而政策缝隙是影响社会不稳定风险的直接因素。因此政策缝隙是决策结构与过程和社会不稳定之间的调节变量。

三、社会稳定风险评估立足于结构风险和动态风险两个层次

在风险治理的框架内，理性选择与情感聚合成社会稳定风险演化的动

力。换言之，风险治理建立在科学理性和社会理性基础上。理性选择关注利益调整为核心的结构性风险，如政策缝隙形成的险种。情感聚合关注人群社会心理、交往和认同等形成社会行动网络机制，由此形成了动态风险。结构风险与动态风险构成了社会稳定风险评估的两个层次。

当前实践中对社会稳定风险评估更多的是关注到结构风险，而忽略了动态风险。动态风险是风险演化的增强或减弱机制，它既能把初始低风险增强为高风险，又可能把初始高风险降低为低风险。因此需要强化对动态风险的评估。

四、以绩效为抓手，健全并提升社会稳定风险评估制度安排

社会稳定风险评估从实验以来已近 10 年左右的时间，已到了需要进一步健全并提升的时机。健全制度安排需要从以下三个方面入手。

第一，进一步精简评估的内容，聚焦在社会稳定风险层面上，与相关制度安排有机结合。例如，合法性、可行性等方面的评估，在重大政策制定流程和大型工程和项目的审批流程里，都有相关部门或制度安排来要求。

第二，进一步规范评估报告，提升质量。当前评估报告五花八门，这反映出撰写评估报告缺少技术规范准则。在精简评估内容的基础上，需要进一步突出围绕社会稳定这个主题下风险评估的技术规范准则。在自评、他评、主管部门+他评三种类型评估报告承担方，本书推荐采用主管部门+他评这种类型。同时对当前他评的第三方以工程咨询、勘查、项目咨询等为主的机构提出质疑，需要社会科学知识支撑社会稳定风险评估，如律师事务所、协会、智库之类的机构参与评估报告。

第三，需要增加对评估报告评审或审查环节。制约当前社会稳定风险评估报告质量及其制度有效性的一个关键因素是缺少质量控制环节。类似的其他领域，如经济风险评价、环境影响评价等通常都有专门的评估报告审查中心；或者在行政系统里规范性文件出台前法制部门都有一个审查的环节。因此当前评估报告五花八门、水平参差不齐的原因在于缺乏质量控

制环节，通常都以随意性比较大的专家会议来代替质量控制。

社会稳定风险评估作为国家治理能力的一个部分，提升其制度安排的效益需要从以下三个方面入手。

第一，拓展重大决策事项的风险评估范畴，从社会稳定风险拓展到经济、社会、环境及安全等综合性的风险评估。一方面，由于这些类型的风险之间存在着相互转化的机制，存在风险共存的现象；另一方面，碎片化的不同类型之间的风险评估存在着成本高、资源浪费、相互打架的现象。因此对重大决策事项的综合风险评估是提升决策质量的关键。

第二，拓展重大决策事项的范畴，从当前的重大行政决策（主要涉及民生类）和大型工程和项目拓展到党政干部选拔、公共预算及发展规划等事关全局的决策。从决策体系来看，越具有战略性、全局性和关键性的决策，越应该对此进行风险评估。风险评估是多方意见、建议、利益和偏好汇集的平台，是推动公共决策过程向开放、包容、多元方向发展的动力。通过风险评估切实提升公共决策的有效性。

第三，推动风险评估成为重大决策程序性要求。近年来许多地方的重大行政决策程序化取得了一定的进展，但还缺乏法定和刚性的要求。国务院即将出台的《重大行政决策程序条例》努力实现风险评估法定化和刚性化的要求，但需要关注的是目前设定的公众参与、专家咨询、风险评估、合法性审查，以及集体讨论与决定环节，它们之间是可以合并的，风险评估可以把公众参与、专家咨询等环节包容在一起。同时对战略性、全局性和关键性决策事项也要推进风险评估。

本书研究的不足与进一步研究方向。本书的研究是以制度安排为分析单位，有三个方面的研究不足与未来研究的方向：第一，没有对社会稳定风险评估安排对降低或缓解社会矛盾、社会冲突的绩效进行量化测量，从而对该项制度安排在制度体系内的有效性难以作出科学判断。第二，没有对实践中呈现出各个层次问题进行全面的分析，如评估的对象、评估的主体、评估的组织等，更具体的如民营资本投资如何评估等。因此本书没有给实践部门提供菜单式的选择。第三，没有对社会稳定风险感知层次和应急管理框架展开研究，没有涉及该评估工具具体的运用。这些不足有待于进一步的研究。

参考文献

埃莉诺·奥斯特罗姆．2004．制度性的理性选择：对制度分析和发展框架的评估//保罗·萨巴蒂尔．政策过程理论．彭宗超，钟开斌译．北京：生活·读书·新知三联书店．

保罗·萨巴蒂尔．2004．政策过程理论．彭宗超，钟开斌译．北京：生活·读书·新知三联书店．

曹荣湘．2004．蒂布特模型．北京：社会科学文献出版社．

崔文官．2012-07-09．什邡：百亿钼铜项目夭折真相．中国经营报，第A09版．

邓小平．1994．邓小平文选（第二卷）．北京：人民出版社．

冯兴元．2010．地方政府竞争．上海：译林出版社．

韩博天，奥利佛·麦尔敦，石磊．2013．规划：中国政策过程的核心机制．开放时代，（6）：8-31．

韩志明．2012．利益表达、资源动员与议程设置——对于“闹大”现象的描述性分析．公共管理学报，9（2）：52-66．

李宾，郝成．2012-08-06．污水排海环评争议．中国经营报，第A11版．

刘裕国．2006-06-06．从“保稳定”到“创稳定”：四川遂宁推行社会稳定风险评估．人民日报，第10版．

马丽仪，邱菀华，杨亚琴．2010．大型复杂项目风险建模与熵决策．北京：北京航空航天大学学报，36（2）：2．

王战军．2006．群体性事件的界定及其多维分析．政法学刊．23（5）：9-13．

维克托·迈尔-舍恩伯格，肯尼斯·库克耶．2013．大数据时代：生活、工作与思维的大变革．盛杨燕，周涛译．杭州：浙江人民出版社．

谢岳．2010．抗议政治学．上海：上海教育出版社．

许章润．2008．多元社会利益表达的正当性与表达的合法化——关于“群体性事件”的一种宪政主义法权解决思路．清华大学学报（哲学社会科学版），(4)：113-119．

于建嵘．2009．当前我国群体性事件的主要类型及其基本特征．中国政法大学学报，(6)：114-120．

周业安，宋紫峰．2009．中国地方政府竞争30年．教学与研究，(11)：28-36．

朱德米．2009．回顾公民参与研究．同济大学学报（社会科学版），(6)：89-96．

朱德米．2014．建构维权与维稳统一的制度通道．复旦学报，(1)：147-156．

朱德米．2012a．开发社会稳定风险评估的民主功能．探索，(4)：57-62．

朱德米．2012b．政策缝隙、风险源与社会稳定风险评估．经济社会体制比较，(2)：170-177．

左林，李微敖．2012．什邡失措．财经，环境与科技版．

Acemoglu D, Robinson J A. 2012. Why Nations Fail: The Origins of Power, Prosperity, and Poverty. New York: Crown Business.

Anheier H K. 2004. Civil Society: Measurement, Evaluation, Policy. London, New York: Routledge.

Arnstein S. 1969. A ladder of participation. Journal of the American Institute of Planners, 35: 216-224.

Aven T. 2011. On different types of uncertainties in the context of the precautionary principle. Risk Analysis, 31（10）: 1515-1525.

Barrow C J. 2010. How is environmental conflict addressed by SIA. Environmental Impact Assessment Review, 30: 293-301.

Becker H A, Vanclay F. 2003. The International Handbook of Social Impact Assessment. Cheltenham: Edward Elgar.

Beck U. 1992. Risk Society—Towards A New Modernity. Ritter M（trans. ）. London, Newbury Park, New Delhi: Sage Publications.

Bennett C J, Howlett M. 1992. The lessons of learning: Reconciling theories of policy learning and policy change. Policy Science, （25）: 275-294.

Brancati D. 2014. Democratic authoritarianism: Origins and effects. Annual Review of Political Science, 17: 313-326.

Burns J P. 1987. China's nomenklatura system. Journal of Problems of Communism, （36）: 36-51.

Burns J P. 1987. Contemporary China's nomenklatura system. Chinese Law and Government, 20（4）: 3-134.

Burns J P. 1994. Strengthening central CCP control of leadership selection: The 1990 nomenklatura. The China Quarterly, （138）: 458-491.

Cai Y S. 2010. Collective Resistance in China. Stanford: Stanford University Press.

Campbell J L. 2002. Ideas, politics, and public policy. Annual Review of Sociology, 28: 21-38.

Capano G. 2012. Policy dynamics and change//Araral E Jr. , Fritzen S, Howlett M, et al. Routledge Handbook of Public Policy. London, New York: Routledge, Taylor & Francis Group: 451-461

Davis J C. 1962. Toward a theory of revolution. American Sociological Review, 27（1）: 5-19.

DeLeon P. 2006. The historical roots of the field//Moran M, Rein M, Goodin R E. The Oxford Handbook of Public Policy. Oxford: Oxford University Press: 52.

De Mesquita B B, Smith A, Siverson R M, et al. 2005. The Logic of Political Survival. Cambridge: MIT Press.

Fenger M, Bekkers V. 2012. Creating connective capacities in public governance: Challenges and contributions//Fenger M, Bekkers V. Beyond Fragmentation and Interconnectivity: Public Governance and the Search for Connective Capacity. Amsterdam, Berlin, Tokyo, Fairfax: IOS Press.

Fischer F. 2012. Participatory governance: From theory to practice//Levi-Faur D. The Oxford Handbook of Governance. Oxford: Oxford University Press: 457.

Fisher E. 2012. E-governance and e-democracy: Questioning technology-centered categories//Levi-Faur D. The Oxford Handbook of Governance. Oxford: Oxford University Press:569.

Fisher E. 2012. Risk and governance//Levi-Faur D. The Oxford Handbook of Governance. Oxford: Oxford University Press: 417-428.

Fukuyama F. 2011. The Origins of Political Order: From Prehuman Times to the French Revolution. New York: Farrar, Straus and Giroux.

Gigerenzer G, Selten R. 2001. Rethinking rationality//Gigerenzer G, Selten R. Bounded Rationality: The Adaptive Toolbox. Cambridge: MIT Press: 4.

Gross N. 2009. A pragmatist theory of social mechanisms. American Sociological Review, 74: 362.

Habegger B. 2010. Strategic foresight in public policy: Reviewing the experience of the UK, Singapore and the Netherlands. Futures, 42（1）: 49.

Haimes Y Y. 2009. On the complex definition of risk: A system-based approach. Risk Analysis, 29（12）: 1647-1654.

Haimes Y Y. 2009. Risk Modeling, Assessment, and Management. 3rd ed. New York: John Wiley&Sons, Inc.

Haimes Y Y, Jiang P, 2001. Leontief-based model of risk in complex interconnected infrastructures. Journal of Infrastructure System, 7: 1-12.

Hampton G. 2004. Enhancing public participation through narrative analysis. Policy Science, 37（3/4）: 261-276.

He B G, Warren M E. 2011. Authoritarian deliberation: The deliberative turn in Chinese political development. Perspectives on Politics, 9（2）: 269.

Hedström P, Udehn L. 2009. Analytical sociology and theories of the middle range// Hedström P, Bearman P. The Oxford Handbook of Analytical Sociology. Oxford: Oxford University Press: 35.

IRGC（International Risk Governance Council）. 2005. Risk Governance—Towards an Integrative Approach. White Paper no 1, IRGC, Geneva, Switzerland, p. 29.

Jasper J M. 2011. Emotions and social movements: Twenty years of theory and research. Annual Review Sociology, 37: 285-303.

John P. 2003. Is there life after policy streams, advocacy coalitions, and punctuation: Using evolutionary theory to explain policy change? The Policy Studies Journal, 31（4）: 481-498.

Jones B D, Thomas Ⅲ H F. 2012. Bounded rationality and public policy decision-making//Araral E J., Fritzen S, Howlett M, et al. Routledge Handbook of Public Policy. London, New York: Routledge, Taylor & Francis Group: 273-286.

Jovanovic' A S, Renn O, Schröter R. 2012. Social Unrest. OECD Publishing.

Klandermans B. 1948. Mobilization and participation: Social-psychological expansions of resource mobilization theory. American Sociological Review, 49（5）: 583-600.

Kuosa T. 2012. The Evolution of Strategic Foresight. Farnham, England: Gower.

Kydland F, Prescott E. 1977. Rules rather than discretion: The inconsistency of optimal plans. Journal of Political Economy, 87: 473-492.

Leontief W W. 1952. Input-output economics, Operational Research Quarterly, 3（2）: 30-31.

Levi-Faur D. 2012a. From "big government" to "big governance"? //Levi-Faur D. The Oxford Handbook of Governance. Oxford: Oxford University Press:3.

Levi-Faur D. 2012b. The Oxford Handbook of Governance. Oxford: Oxford University Press.

Levitsky S, Murillo M V. 2009. Variation in institutional strength. Annual Review of Political Science, 12: 115-133.

Liberthal K, Oksenberg M. 1988. Policy Making in China: Leaders, Structures, and Procesess. Princeton: Princeton University Press.

Mahmoudi H, Renn O, Vanclay F, et al. 2013. A framework for combining social impact assessment and risk assessment. Environment Impact Assessment Review, 43: 1-8.

Manion M. 1985. The cadre management system, post-Mao: The appointment, promotion, transfer and removal of party and state leaders. The China Quarterly, （102）: 203-233.

Mansbridge J. 2003. Rethinking representation. American Political Science Review, 97（4）: 517.

McLean I, McMlan A. 2009. The Concise Oxford Dictionary of Politics. 3rd ed. Oxford: Oxford: University Press.

Mertha A. 2009. Fragmented authoritarianism 2.0: Political pluralization in the Chinese policy process. The China Quarterly, 200（200）: 995-1012.

Meyer D S. 2012. Protest and political process//Amenta E, Nash K, Scott A. Political Sociology. West Sussex: Wiley-Blackwell: 397-407.

Migdal J S. 2001. State in Society: Studying How States and Societies Transform and Constitute One Another. Cambridge: Cambridge University Press.

North D C, Walls J J, Weingast B R. 2009. Violence and Social Orders: A Conceptual Framework for Interpreting Recorded Human History. Cambridge: Cambridge University Press.

Peltonen L, Sairinen R. 2010. Integrating impact assessment and conflict management in urban planning: Experiences from Finland. Environmental Impact Assessment Review, 30: 328-337.

Petersen T. 2009. Opportunities//Hedström P, Bearman P. The Oxford Handbook of Analytical Sociology. Oxford: Oxford University Press:115.

Phillips B D, Thomas D S K, Fothergill A, et al. 2010. Social Vulnerability to Disasters. London, New York: Routledge, Taylor & Francis Group.

Prenzel P V, Vanclay F. 2014. How social impact assessment can contribute to conflict management. Environmental Impact Assessment Review, 45（2）: 30-37.

Rausand M. 2011. Risk Assessment: Theory, Methods, and Applications. Hoboken: Wiley& Sons.

Renn O. 2008. Risk Governance: Coping with Uncertainty in a Complex World. London, Sterling: Earthscan.

Renn O, Rohrmann B. 2000. Cross-cultural risk perception research: State and challenges//Renn O, Rohrmann B. Cross-Cultural Risk Perception: A Survey of Empirical Studies. Dordrecht, Boston: Kluwer: 211-233.

Renn O. 1998. Three decades of risk research: Accomplishments and new challenges. Journal of Risk Research, 1（1）: 49-71.

Ritchey T. 2011. Wicked Problems—Social Messes: Decision Support Modelling with Morphological Analysis. Berlin, Heidelberg: Springer-Verlag.

Roberts N. 2004. Public deliberation in an age of direct citizen participation. The American Review of Public Administration, 34（4）: 315-353.

Ron A. 2012. Modes of democratic governance//Levi-Faur D. The Oxford Handbook of Governance. Oxford: Oxford University Press: 472-484.

Santos J R. 2006. Inoperability input-output modeling of disruptions to interdependent economic systems. Systems Engineering, 9（1）: 20-34.

Tarrow S G. 2011. Power in Movement: Social Movement and Contentious Politics. Cambridge: Cambridge University Press.

Thornton P H, Occasion W, Lounsbury M. 2012. The Institutional Logics Perspective—A New Approach to Culture, Structure, and Process. Oxford: Oxford University Press.

Vanclay F. 2002. Conceptualising social impacts. Environmental Impact Assessment Review, 22: 183-211.

Wagle U. 2000. The policy science of democracy: The issues of methodology and citizen participation. Policy Science, 33（2）: 207-233.

Watts D J, Dodds P. 2009. Threshold models of social influence//Hedström P, Bearman P. The Oxford Handbook of Analytical Sociology. Oxford: Oxford University Press: 475-476.

Yishai Y. 2012. Participatory governance in public health: Choice, but no voice//Levi-Faur D. The Oxford Handbook of Governance. Oxford: Oxford University Press: 527-540.

关键词索引

后 记

本书的问世是在完成一项使命。距离 2005 年我的专著《经济特区与中国政治发展》出版已经十年了。在中国大学现行的人文社会科学学术考核机制下，写专著似乎是最吃力不讨好的事情，因为考核机制特别强调论文发表刊物的出身、数量，以及片面的国际化。但回过头来看看，在人类思想史上能够留下点声音的几乎都是专著。我有幸在博士毕业六年里连续破格聘为副教授和教授，不必再为职称担心，因此写这本书的冲动在于总要为我们身处的社会做点事情，写一些对得起自己的作品，不扯上留世之作或奢谈国际对话之类。

能够集中一段时间来写作总要感谢许许多多帮助过我的人。长期在外调研，心里愧疚于妻子卞庆珍博士和儿子朱皓哲。学业上受惠于我的博士生导师复旦大学林尚立教授，一次次的指导令人难忘，对学术热爱是我们之间的精神纽带。同济大学诸大建教授对我事业的成长帮助甚多，并且多次指点。

感谢之情还要送给学界、政界，以及生活在同济大学的好友，超越世俗的友情是促进生活幸福和提升学问的正能量。作为大学教师最得意之事莫过于与充满朝气和活力的硕士生、博士生在一起讨论学术和研究问题。本书的研究也受益于学生们之间的学术研讨。

最后感谢科学出版社的编辑，没有他们辛勤、细致的编辑加工，本书难以成书，向他们高尚的职业精神致敬。

学问之道无涯之大，来自各方面的批评都是我继续努力的动力。

朱德米

2015年12月25日